KB038892

4·16구술증언록 단원고 2학년 6반 제3권

그날을 말하다

순범 엄마 최지영

4·16구술증언록 단원고 2학년 6반 제3권

그날을 말하다

순범 엄마 최지영

4·16기억저장소 기획 편집
(사) 4·16세월호참사가족협의회 지원 협조

일러두기

1. 음절로 식별 가능한 소리를 들리는 대로 전사하는 것을 원칙으로 한다.
2. 의미를 파악하기 위해 추가 설명이 필요할 경우 [ ]로 표시한다.
3. 몸짓, 어조 등 비언어적 행위는 ( )로 표시한다.
4. 구술자가 말을 잇지 못해 말줄임표를 사용하는 경우 ……, …로 길고 짧음을 표시한다.
5. 비공개 영역은 〈비공개〉로 표시한다.
6. 비공개해야 하는 희생자 형제자매의 이름은 ○○, △△ 등의 도형기호로, 생존자의 이름은 A, B, C 등 알파벳 대문자로 표시한다.
7. 비공개해야 하는 제3자는 직분이나 소속, 성만 공개하고, 이름은 ××로 표시한다. 비공개해야 하는 숫자는 자릿수에 상관없이 □로 표시하며, 지명은 □□로 표시한다.

책머리에

4·16기억저장소에서는 세월호 참사 5주기를 맞아 구술증언 수집 사업의 결과물 일부를 100권의 책으로 발간하게 되었습니다. 이 사업은 2015년 6월부터 다양한 학문 분야 구술 연구자들의 자발적인 참여로 진행되어 왔으며, 세월호 참사를 좀 더 정확하고 다각적으로 기록하고 기억하고자 하는 노력의 일환으로 수행되었습니다.

2014년 참사 발생 이후, 참사 피해자들의 목격담과 경험은 안타깝게도 공식적인 국가기관과 언론의 기록 속에서 철저히 소외되거나 왜곡되었습니다. 그것은 세월호 참사가 우리에게 안긴 죽음과 고통의 충격만큼이나 우리 사회의 끔찍한 비극이었습니다. 따라서 사업을 진행하면서 세월호 참사 희생자 가족, 생존자, 생존자 가족, 어민, 잠수사, 활동가, 기자 등등, 참사의 초기 과정을 직접 경험한 분들의 증언을 우선적으로 수집했습니다. 구술자는 이 사업의 취

지와 방식에 개인적으로 동의한 분 중에서 선정했으며, 참여 과정에 어떠한 금전적 보상이나 이익이 제공되지 않았습니다. 또한 구술증언 수집 사업을 진행하는 동안, 면담자는 연구자이자 참사를 겪은 공동체 시민으로서 최대한 윤리적이고자 노력했습니다.

구술자마다 매회 약 2시간씩 3회를 원칙으로 음성 녹취와 영상 촬영을 하는 방식으로 진행되었고, 증언의 일관성을 확보하기 위해 면담자는 큰 틀에서 공통 질문지를 사용했습니다. 공통 질문지의 내용은 참사와 구술자 간의 관계성에 따라 차이가 있지만, 유가족 구술의 경우 1회차 '참사 이전의 삶, 팽목항과 진도에서의 경험, 자녀에 대한 기억'을, 2회차 '참사 이후 투쟁과 공동체 활동 경험'을, 3회차 '참사 이후 개인 및 가족이 경험한 삶의 변화와 깨달음, 자녀의 현재적 의미'를 중심으로 했습니다. 이처럼 증언 내용은 참사 이전에서 시작해 참사 발생 당시의 경험과 이후의 변화 과정까지 폭넓게 수집했고, 면담자는 구술 채록 과정에서 구술자의 발화를 최대한 존중하고자 했으며, 무엇보다 각자의 특수한 경험과 다른 시각을 충실히 반영하고자 했습니다.

이 구술증언록의 발간을 위해, 채록된 음성 자료는 문서로 변환해 구술자와 함께 검토했고, 현재 시점에서 공개할 수 있는 영역과 할 수 없는 영역으로 구별했습니다. 따라서 책에 실린 내용은 모두 구술자로부터 공개를 허락받은 부분입니다. 비공개 영역은 추후 구술자의 동의를 받아 적절한 절차를 거쳐 추가로 공개될 수 있으리라 생각합니다.

이 구술증언록 100권에는 그동안 우리 사회에 왜곡되어 알려지거나 잘 알려지지 않았던, 참사 발생 직후 팽목항과 진도 혹은 바다에서의 초기 상황에 관한 중요한 증언이 포함되어 있습니다. 또한, 자녀를 잃는 잔인하고 애통한 상황을 겪으면서도 그 누구보다 강인한 정치적 주체로 성장할 수밖에 없었던 유가족의 마음과 경험을 구체적으로, 그리고 여러 각도에서 살펴볼 수 있습니다. 그 외에도, 이 구술증언록은 2014년을 전후한 한국 사회의 여러 측면을 드러내는 귀중한 자료가 되리라고 생각합니다. 무엇보다 국내외의 많은 분이 이 책을 읽어, 장차 세월호 참사의 진상 규명과 역사 서술에 기여할 수 있기를 바랍니다.

구술증언 수집 사업이 진행되고, 책으로 출간되기까지 많은 분의 도움과 지지가 있었습니다. 이 지면을 빌려 부족하나마 감사의 말씀을 전하고자 합니다.

먼저 (사)4·16세월호참사가족협의회와 4·16기억저장소에 감사를 드립니다. 이분들의 신뢰와 적극적인 협조가 없었다면, 이 사업은 처음부터 시작할 수조차 없었을 것입니다. 또한 어려운 정치 환경 속에서도 사업의 취지에 공감해 재정 지원을 결정해 준 아름다운가게와 역사문제연구소에 감사드립니다. 두 단체 덕분에, 이 사업을 4년 동안 계속해 올 수 있었습니다. 그리고 구술증언록 100권의 발간에 동의하고, 바쁜 일정에도 출판 실무를 기꺼이 맡아주신 한울엠플러스(주)에도 감사를 드립니다. 이 외에도 많은 개인과 단체가 직간접적으로 많은 도움을 주시고 격려해 주셨습니다. 여기에 모두 밝히지 못하는 것을 죄송하게 생각합니다.

말할 필요도 없이, 가장 크고 또 가슴 아픈 감사는 구술자 한 분 한 분께 드리고자 합니다. 이 책이 발간될 수 있었던 것은, 무엇보다 용기를 내어 아픔과 고통의 기억을 다시 떠올리고 장시간 진심으로 이야기를 해주신 구술자가 있었기 때문입니다. 오랜 시간 이야기를 나누며 함께 공감하기도 했지만, 그 아픔과 고통을 어떻게 가늠할 수 있을까 싶습니다. 더 큰 도움이 되지 못함을 안타까워하며, 이 구술증언록 100권의 발간이 피해자분들에게 조금이라도 위로가 될 수 있기를 기원합니다.

2019년 4월

4·16기억저장소 구술팀 책임자

서울대학교 인류학과 교수 이현정

차례

■ 1회차 ■

■ 2회차 ■

■ 3회차 ■

순범 엄마 최지영

구술자 최지영은 단원고 2학년 6반 고 권순범의 엄마다. 팍팍한 일상을 꾸려가기에 바빴던 엄마는 누나들 손에서 순하게 자란 순범이가 안쓰럽고 또 고마웠다. 먹고 싶고 하고 싶은 게 많았을 텐데도 말을 아끼고 엄마를 돕곤 했던 순범이는 묵묵히 혼자의 힘으로 모델의 꿈을 하나씩 실현해 가고 있었다. '4·16가족극단 노란리본'의 단원이기도 한 엄마는 진실이 이기는 그날을 위해 오늘도 시위 현장과 공연장에 온몸을 던지며 바쁘게 살아가고 있다.

최지영의 구술 면담은 2015년 12월 10일, 24일, 그리고 2016년 1월 11일, 3회에 걸쳐 총 4시간 30분 동안 진행되었다. 면담자는 이봉규, 촬영자는 김향수·이봉규였다.

구술자 본인의 프라이버시나 제3자의 프라이버시를 보호해야 할 부분을 제외하고는 구술자의 발화를 있는 그대로 전사했다.

1회차

2015년 12월 10일

1 시작 인사말

2 구술 참여 동기

3 결혼과 막내아들 출산

4 가정을 유지하기 위한 경제활동과 삼 남매와의 친밀한 생활

5 안산 정착과 철들어 든든했던 막내아들

6 수학여행을 보내기 싫었던 심정

7 막내아들의 꿈과 노력, 엄마를 위한 배려

8 정치, 선거 등에 대한 관심

9 4·16 참사 이후 가족들의 일상 파괴와 딸들의 트라우마

1
시작 인사말

면담자 본 구술증언은 4·16 사건에 대한 참여자들의 경험과 기억을 기록으로 남김으로써 이후 진상 규명 및 역사 기술에 기여하고자 합니다. 지금부터 최지영 씨의 증언을 시작하겠습니다. 오늘은 2015년 12월 10일이며, 장소는 안산시 단원구 글로벌다문화센터입니다. 면담자 및 촬영자는 이봉규입니다.

2
구술 참여 동기

면담자 순범이 어머니께서는 어떻게 이 구술사업이 있다는 걸 알게 되시고 또 참여하게 되셨는지 말씀해 주세요.

순범 엄마 저는 몰랐죠. 몰랐는데 기현[배우, 4·16기억저장소 자원활동가]이가 전화 와가지고, 동거차도 갔다 오니까 전화 와가지고, "동거차도 얘기, 뭐 이런 얘기를 해주라"[고 하면서] 그 나중에 구술이라는 말이 나오더라구. 듣긴 들었어요, 웅기 언니가 인제 했으니까.

면담자 웅기 어머니께서요?

순범 엄마 예. 그래서 있다는 거는 알고 있었죠.

면담자 그러다 어떻게 수락하시게 되셨는지요?

순범 엄마 아니 그냥 뭐 일단은 우리는 그렇잖아요, 누군가 알려야 되니까. 얘기를 해야 되고 그래서 수락하긴 했는데 이제…(웃음) 모르겠어요, 어떻게 될지 잘… 저도 잘 모르겠어요, 안 해봐서. 지금 오다 보니까 또 영만이 엄마가 이걸 알려야 한다고 얘길 하더라고. 그래서, 그러면 "그 초안을 나한테 보내라"[고 했어요]. 이제 우리 가족협의[회] 반 대표 [대화]방이 있거든요. 올리라고 [했더니] 올렸다고 그 얘기를 하더라고요.

면담자 영만이 어머니께 올려달라고 요청하신 건가요?

순범 엄마 예. 왜냐면 제가 지금 오늘 목요일 날 교육청 피케팅 갔다 왔거든요. 오면서 또 얘기를….

면담자 말씀해 주신 것처럼 사실을 알리겠다는 목적 외에 또 구술증언이 어떤 목적으로 쓰이면 좋겠다고 생각하신 게 있으신가요?

순범 엄마 그렇죠. 우리가 나중에, 지금 현재는 밝혀지진 않지만 언젠가는 우리의 진실이 밝혀질 거라고 생각하잖아요. 그렇기 때문에 이제 뭔가 내가 아는 데까지는 이야기를 해야 될 거 같고… 지금 당장 뭐 진실이 밝혀진단 건 쉽진 않을 것 같고.

3
결혼과 막내아들 출산

면담자 오늘 1차 구술을 하고 다음에 2차, 3차까지 일단 계획이 되어 있는데요. 오늘은 4·16 참사 이전의 삶에 대해서 여쭤볼까 합니다. 여기 안산에서는 언제부터 사시게 되셨나요?

순범 엄마　안산에는 그니까, 시화에서 한 7년 정도 살았구요, 2000년도에 올라왔어요, 시화에. (면담자 : 그 전에는?) 그 전에는 전주에….

면담자　아, 원래 고향이 전주세요?

순범 엄마　예. 우리 아들은 전주에서 태어났죠. 그래서 올라와 가지구 이쪽 안산에 들어온 지는 한 7, 8년? [전주에서 올라온 때가] 2000년도니까, 지금 2016년도죠?

면담자　지금 2015년.

순범 엄마　15년도죠? 15년 됐나? (면담자 : 2000년에 시화에서?) 시화에서, 시화로 올라왔어요. 거기에서 중간에 안산으로 넘어왔으니까, 거기서 7년 살았거든요. 7년 살고 나머지가 이제 다 안산에서 산 거지.

면담자　그러면 순범이는 유년 시절은 전주랑 시화에서 지낸 거네요?

순범 엄마　예, 유치원[도 다녔고요]. 어릴 때 시화에서 초등학교 3학년 때까지 살은 거죠.

면담자　그럼 10살 때까지 있었던 거네요?

순범 엄마　예. 그리고 안산에 온 지가, 이제 초등학교, 와동초등학교를 나왔으니까 한 3학년 정도[에 전학을 왔어요]. 와동초, 와동중 그렇고요.

면담자　그러면 원래는 전주에서 쭉 사시다가?

순범 엄마　음, 전주에서 살았는 거는 별로 안 되구 96년도부터 살았구요. 서울에 살다가 이제 사정상…, 사정상 전주에 내려왔다가…, 우리 순범이 아버지를 만나서 순범이를 낳게 된 거지.

면담자　그러면 전주에서 순범이 아버님을 만나게 되신 거였군요.

순범 엄마　예. 만나서 순범이를 낳고 올라온 거죠.

면담자　그럼 결혼도 전주에서 하신 건가요? (순범 엄마 : 예) 어떻게 만나셨는지 좀 여쭤봐도 될까요?

순범 엄마　그거는 이제 [순범이] 누나들이 둘이 있어요. 누나들이 둘인데, 너무 어릴 때 제가 좀 안 좋은 사정으로 이혼을 하고… 애가 너무 어리니까 직장생활을 못 하겠는 거예요, 누가 봐주는 사람이 없으니까. 그래 가지구 전주로 내려갔죠. 내려가 가지구 있는데 이모가 중매를 서줬어요, "너 혼자 애 키우기 힘드니까 시집이나 가라" 그래 갖구. 근데 별로 하고 싶지가 않았거든요.

면담자　아, 그래요?

순범 엄마　죽자 사자 쫓아다녀서 그냥 어떻게 하다 보니까….

면담자　(웃으며) 아, 순범이 아버님께서 많이 쫓아다니셨던 모양이네요?

순범 엄마 예. [그러다가 순범이를] 낳았어요. 낳았는데 또 마찬가지더라고, 어차피 인생은……. 그니까(웃음) 그냥 혼자 살 팔자야, 혼자 살아야 되는 팔자.

면담자 그러면 원래 서울 사시다가… 순범이한테 누나 둘이 있다고, 좀 터울이 있는 누나 둘이 있다고 얘길 들었는데요.

순범 엄마 예. 그때가 순범이 태어나기 전에 5살, 7살 때. (면담자 : 누나들이?) 예.

면담자 그때 전주에 온 거군요. 아이들 키우시려고 전주에 내려오셨네요.

순범 엄마 그러다가 이제 또 문제가 있어서 [순범이 아빠와] 헤어지고 순범이랑 넷이서 이제 살은 거죠. 아버지는 그… 헤어진 지가 한 십몇 년 됐는데, 그건 못 들으셨나 보다. 순범이 아빤 죽었어요, 5월 8일 날. 올해죠, 뭐 순범이 만나러 갔나 봐(웃음).

4
가정을 유지하기 위한 경제활동과 삼 남매와의 친밀한 생활

면담자 그랬군요. 미용실 하신다고 제가 들었는데요. 그러면 그때 전주에 계실 때도 이미 미용실 하실 때입니까?

순범 엄마 그때는 순범이 백일 때 제가 미용을 배웠구요. 그래서 뭔가 이제 나 혼자서 살 방법을 찾아야 되니까. 미용은 순범이 백일 때 배워가지고 거기서 미용실 그냥 하다가 무슨 계기로 또 시화로 올라오게 되어가지고, 그러다가 제 개인적인 영업활동을 계속 몇 년 하다가…. 그러니까 안 해본 게 없어요, 하도 많아 가지구…(웃음).

면담자 미용만 쭉 하신 것도 아니고 중간중간 다른 것도 하신 거군요?

순범 엄마 예. 다른 것도 하고 이제 상황이 좀 안 좋은 상황이 또 되다 보니까 이것도 하고 저것도 하고. 이제 누나들이 대학 졸업하고 다 하고 나니까 인자 아들 하나 있잖아요. 내가 막 바둥바둥 안 벌어도 되잖아. 그래서 이제 미용실을 차린 거지. 나이도 먹고 이래서 미용실 차려서, 아들 하나만 가르치면 되니까….

면담자 네, 또 보험 영업하시고 이런 게 일이 힘들잖아요.

순범 엄마 네. 너무 힘들구 사람을 만나는 게 굉장히 힘들잖아요. 계속 말해야 되구… 해야 되고 또 그러다 보니까 이제는 오는 손님만 받고 해보자 그래 갖구 [미용실을] 시작을 한 거죠. 그래서 또 하다가 우리 아들…… 이러고부터는 못 한 거지.

면담자 그럼 미용실 시작은 순범이가 몇 살 때부터인가요?

순범 엄마 순범이 고등학교 1학년 때 시작을 다시 한 거지, '오는 손님을 받겠다'라고 생각하고.

면담자 그럼 그 전에도 순범이가 클 때는 줄곧 어머니께서 일을 하셨을 테니까….

순범 엄마 예. 누나들이 거의 (면담자 : 누나들이 키웠군요) 응, 키웠고. 어렸을 때 누나들이 키웠고 커서는 지가 스스로 크지 뭐, 어릴 때야 지가 어떻게 못 하니까. 근데, 거의 누나들이랑 같이 생활을 했고 그니까, 어떻게 보면 누나들이 더 현재는 힘들죠. 거의 그냥 우리는 넷이서 친구처럼 한 침대에서 뒹굴뒹굴 살던 사람들이라, 하나가 없으면 굉장히 뭔가 힘든 그런 상황이었어요. 방이 아무리 많아도, 있어도 안 가. 그 테두리 안에서만 같이 생활을 해요. 저쪽으로 가지도 않아요, 한방에서.

면담자 넷이 모여 있는 건가요?

순범 엄마 응, 모여서 누워서 뒹굴고 같이. 근데 키가 커버리니까 그것도 좀 안 되긴 안 되더라구. 내가 빠져주고 어떤 때는… 뭐 이렇게. 그리고 누나도 직장이 있으니까 저기 부천에 가 있구, 그니까 작은누나하고 큰누나 아니, 작은누나하고 우리 아들하고 거의… 큰누나 직장 갔다 오면 마중 가고. 저녁에 퇴근하면 누나가 맛있는 걸 사 오잖아. 꼭 누나는 아들 간식거리를 꼭 사 와, 커서는 그렇게 되더라구. 어렸을 때는 애기 놀이방 갔다 오면 목욕 다 씻기고.

면담자 아, 순범이 다 씻기구요?

순범 엄마 응. 그리구 인제 애들이 놀고 싶어도 그 시간에 못 놀잖아요, 애들이. 학교 갔다 와서 내가 미용실을 하고 있으니까 그 시간에는 집에 있다가 애기 놀이방에서 올 시간 되면 데리고 와서 씻기고, 먹이고 이렇게. (면담자 : 그걸 다 누나들이?) 예.

면담자　　어머니는 미용실에서 일하시기 전에는 보통 하루 일과가 어떻게 되셨는지요?

순범 엄마　　하루 일과가 저는 뭐 투잡 이렇게 하면서 살았기 때문에. 이게 대학생도 있고 그 학비가 많이 들어가잖아요? 여자 혼자 벌기에는 솔직히 굉장히 힘들어요, 한 가지 [일만 해서는요]. 그래서 제가 밤에도 일 나가고… 그런 생활을 계속했죠. 그러니까 이제 우리 아들이 오히려 엄마를 더 챙기지. 제가 아들을 챙겨야 되는데 저희 아들이 엄마를 많이 챙겼어요.

면담자　　애가 철이 빨리 든 건가요?

순범 엄마　　그렇죠. 누나들도 인제…, 지가 '우리 가정을 남자니까 챙겨야 된다' 이런 책임감이 또 있었나 본데요.

면담자　　"가장 역할을 해야 되지 않겠니?" 하는 얘기를 해주신 적이 있으신 건가요?

순범 엄마　　그런 거는 얘길 안 했지. 너무 애기라, 내가 볼 땐 너무 애기잖아요. 그냥 애기야 애기.

면담자　　그렇죠, 누나들이랑 터울이 있고 하니까.

순범 엄마　　그렇게 했는데… 어느 순간에 저보다 크더라고, 커지더라고. 그때는 지가 다 챙기고, 엄마 밥 한 순가락이라도 먹고 갈 수 있게 지가 옆에서 자꾸 얘기하고.

면담자　　요리도 곧잘 해서 어머니 밥도 챙겨드리고는 했다면서요?

순범 엄마 김치볶음밥 막 볶아가지고 먹고 가라고.

면담자 어디서 배워서 한 것도 아닌데 잘하던가요?

순범 엄마 누나들. 왜냐면 누나들이 엄마가 그러고 있으니까, 누나들이 거의 해주니까 그거 보고 계란프라이도 하고 김치볶음밥도 [하고]. 내가 제일로 뭐만 신경 쓰냐면 김치 하나만 제일 맛있게 담가요, 신경을 거기다 다 쏟아서. 왜냐면 1년에 한 번 꼭 담가요.

면담자 김치 맛있으면 뭘 해도 맛있잖아요.

순범 엄마 예. 그래서 김치 하나는 내가 맛있게 신경을 많이 쓰고 담가요. 그[러]면 넣어놨다가 1년 내내 먹는 거야. 그걸로 김치찌개도 해 먹고 지져 먹기도 하고 볶아 먹기도 하고 이렇게. 애들이 다 해요, 난 준비만 해놓으면. 시장만 봐다 놓으면, 아니면 누나들이 동생 좋아하는 거 해주고, 그러면 즈그들끼리 다 알아서 하더라고. 그니까 제가 애들 하나만은 잘 키운 것 같애. 제가 뭐 제 몸이야 상관없지만, 애들은 다 착하게 잘 키웠어요.

면담자 키우실 때 특별히 아이들한테 강조하셨던 게 있나요?

순범 엄마 이제 제가 혼자 있다 보니까… 〈비공개〉 제가 많은 걸 애들한테 도움이[을] 많이 못 줬잖아요. 다른 사람들은 학원도 보내고 어디도 보내고 막 보내잖아요? 이제 그런 거를 못 했던 거[가] 아쉽기도 하고……. 막 두서가 없긴 없지만(웃음).

그런 부분들. 그리고 우리 아들이 기억에 제일 남는 건 중학교 때부터 컸어요. (면담자 : 키가요?) 응. 근데 2학년 때까지도 키가 안 컸어. (면담자 : 중2 때까지만 해도요?) 응, 내가 볼 때는. 다른 사람 기준에서는 큰데 내가 보는 기준에서는 애기야 애기. 정말 애기였거든요. 그리고 누나들이 크니까 얘는 애기야, 무조건 나한테는. 근데 어느 날 갑자기 보니까 이렇게 키가 훌쩍 큰 거야. 그러면서 이것이 엄마를 챙기고 이러니까 꼭 진짜 없어선 안 될 놈이 돼버린 거지. 그날도, 수학여행 가기 전에도 저는…… 뭘 챙기고 이런 건 못 해요. 과자도 내가 사서 이렇게 주지는 못해, 애들이 뭘 좋아하는지도 모르고. 그래서 거의 아이들한테 맡기거든, 뭐든지. "생활비 이거 니가 해라", 그러니까 돈도 막 그렇게 쓰진 않는 애들인데…, 저는 그냥 맡겨요, 애들한테.

면담자 그럼 생활비는 누구한테 주시는 거예요?

순범 엄마 맡겨요, 작은딸[한테]. 그리고 우리 아들한테 항상 여유 있게 용돈을 주지. 그냥 주는 게 아니고… 그냥 받지도 않아요, 아들이. 그냥 받지도 않고 심부름을 하고 남은 돈 이런 것들을 모아서 지가 사고 싶은 것 다 사고 [했어요]. 다는 못 사겠지만 그래도 정말 갖고 싶은 거 있잖아요, 애들이. 그런 거는 거의 용돈 모아서 지가 사고. 작은애도 큰누나도, 작은누나도 거의 고등학교 때부터 용돈을 안 받았어요.

면담자 혼자 어떻게 벌었어요?

순범 엄마 지가 이제 알바해서 모아서. 그러니까 우리 애들이 대체적으로 용돈을 지금도 저한테 [달라고 하지 않아요]. [참사 이후] 여지껏 일 못 했잖아요. 애들이 그 상처로 인해서 어디 직장을 오래 못 다니더라고…, 괜히 이렇게 마음에 상처받아 갖고 와서. 그동안에도 "엄마, 돈이 필요해요" 이 소리를 안 해, 애들이 지금까지도. 그럼 그냥 내가 알아서 '필요하겠구나' 이렇게 [생각]하고 [돈을 줬어요]. 애들이 다 그런 것 같애, 우리 아들도 마찬가지고. 이제 수학여행 가기 전에 용돈… 옷 같은 거 좀 사야 하잖아? 그래서 용돈 좀 줘서 누나들이 챙겨서 사주고, 이렇게 다 누나들이 챙기고. 나는 그냥 돈만 주는(웃음), 돈만 주고 "느그들이 알아서 돈을 잘 챙겨라" 그러면 잘 챙기더라고. 그리고 또 믿잖아. 그러니까 믿고… 수학여행 갈 때도 아들[에게] 돈을 주니까, "얼마나 많이 줄까?" 그러니까 많이는 필요 없다더라고.

면담자 그래요? 뭐 좀 살 게 있었을 텐데요?

순범 엄마 그랬을 텐데 필요 없다더라고. 5만 원을 줬어요. "그래도 이 정도는 갖고 가야 엄마 쪼꼬렛[초콜릿]도 하나 사다 주고 그러지 않겠냐?" 그러니까 일단 받더라고. "그래 엄마?" [하고는] 받더라고. 근데 중요한 건 나중에 가고 나서 TV 밑에 2만 원 넣어놓고 갔더라고. 그래서 지금도 내가 보관하고 있는데, 내가 코팅을 해가지고 보관하고 있는데……. 그 정도로 알뜰해요, 애들이 엄마[가] 힘들게 벌어서 그런지 몰라도. 그런 게 마음이 조금 아퍼(한숨). 그냥 내가 뭐 하러 그렇게 아등바등 해가지구… 그냥 맛있는 거나 해서 먹이고 그냥 하고 싶은 거 다 하게 해줄걸. 근데 그때 당시에는 애들만 있으니까 얘네들 시집도 보내야 되고 대학도 보내야 되고 그런 상황이라 그거를 엄두를 못 냈죠.

면담자 경제적인 압박이 진짜 크셨을 것 같아요.

순범 엄마　많이 컸죠. 그래도 다 버텨나갔는데, 애들이 많이 도와줘서…. 애들이 안 도와줬음 못 했지. 애들이 굉장히 많이 도와줬죠. 그래서 제가… 우리 딸들은 이렇게… 융자를 많이 받지는 않았어요. 졸업할 때까지 대출받고 이런 건 안 했는데… 그렇게 해서 그냥 '어떻게 어떻게 졸업을 시켰으니까 이제 끝이다. 우리 아들만 이제 잘 키워야 되겠다'[라고 생각했어요]. 뭐 얼마 많이 안 벌어도 되잖아, 이제. 근데도 그때까지도 손을 못 놓은 거야, 투잡을. 그게 제일로……. 그냥 한 가지만 하면서 아들 저녁이라도 같이 매일 먹고 이랬어야 되는데, 그런 것도 못 한 거 아쉽고… 참 하나에서 열까지 다 맘이 아퍼, 아들 생각하면.

면담자　그래도 '조금 여력이 될 때 더 벌어두겠다' 생각하셨던 거 아닐까요?

순범 엄마　응. '좀 젊을 때 그래야 되겠다', 또 나이 먹으면 하고 싶어도 못 하고 그러니까. 그리고 '우리 애들이 자리 잡을 때까지, 누나들이 자리 잡을 때까지는 해야 되겠다, 놀 수 없다'[라고 생각한 거죠].

면담자　그럼 부천에서 일한다는 거는?

순범 엄마　우리 큰딸이었어요. 근데 이제 사고 나서… 그만두고 이쪽 시화 쪽에 이번에 들어왔어요. 근데 모르겠어요(웃음), 잘 버틸라나……. 우리 작은딸은 서울 가 있고. 이쪽 지역에 있으니까 친구들도 만나고 그랬어요. 그니까 되게 안 좋은 것 같더라고. 마음이 안 편한 것 같더라고. 결국은 그만두고 서울로 간 거지. 둘째 딸은 서울로 갔고 큰딸은 시화에 있고.

면담자 그러면 요즘은 같이 지내시지는 않는 건가요?

순범 엄마 예. 이제 주말에 이렇게 한 번씩 오고, 날 되면 한 번씩 오고. 저도 바빠 가지고 애들 볼 시간이 없어요, 솔직히 얘기해서 (웃음).

면담자 요즘 일이 많으시죠?

순범 엄마 난 솔직히 걔네들 집에 있을 때 챙기지도 못한다니까. 솔직히 어떻게 보면 그때랑 똑같다니까, 내팽개쳐 놓은 거 보면. 거의 뭐 집에 있을 일이 별로 없잖아, 거의 밖에서 생활하고 밖에서 움직이고. 내가 작년에는 집에를 열 번도 안 들어갔어요.

면담자 어, 정말요? (순범 엄마 : 예) 그럼 주무시는 것도 밖에서 주무시고?

순범 엄마 거의 밖에서 생활했잖아요, 보다시피 국회에서…. (면담자 : 그렇죠) 우리가 이제 시작하게 된 거는, 거의 작년 7월 달 버스투어 할 때가 본격적으로 우리가 시작했던 것 같은데…. 내가 인제, 우리 아들이 굉장히 늦게 나왔어요, 5월 5일 날 나와가지고. 그동안 이제 저기[활동] 하면서 본격적으로 막 빼기 시작한 거는 그때인 것 같애, 버스 투어 할 때. 제가 이빨이 지금 [치료]하는 중이라서 발음이 정확하지는 않을 거예요. 그래 가지고 그때부터 계속 밖에[서] 생활했죠. 국회, 그 투어 끝나고 국회에서 너무 힘들어서 나왔다가 광화문, 광화문에서 그때 저기 그 누구 아빠지? 단식 40일 했던 친구가 누구지? 그분[유민 아빠] 이제 쓰러지면서 청운동으로 올라왔잖아.

청운동에서 한 76일? 그러다가 청운동도 정리하고 팽목으로 또 내려갔잖아. 팽목에서 계속 생활했잖아 또. 그러다 보니까 집에 들어가는 시간이 없었어요, 별로. (면담자 : 그럼 그때 따님들은 거의?) 즈그들끼리 생활한 거지. (면담자 : 둘이서?) 응, 거의 둘이서 있고. 아들이랑 있던 곳은 이사를 했어요, 왜냐면 누나들이 너무 힘들다고 [해서].

면담자 동생이랑 살던 집은 힘들었던 거군요.

순범 엄마 거기서 밥을 먹을 수도 없고, 그 공간에서. 그래 가지고 나 청운동에 있을 때 작은딸이 그러더라고. "엄마, 내가 거기서 밥을 먹을 수도 없고 아무것도 할 수가 없다. 이사를 하자" 그래서 "그럼 니가 알아봐라, 다. 나는 시간이 없으니까". 가서 계약서만 하러, [청운동을] 잠깐 비우고 계약서 쓰고 또 [청운동으로] 나가구, 거의 그랬으니까, 작년에는. 올해 인제, 올해두… 그나마 올해는 집에를 좀 들어갔지. 그리고 지금 같은 거는[상황은] 계속 바쁘잖아. 언제까지 바쁠지, 내년엔 좀 한가해질까요?

5
안산 정착과 철들어 든든했던 막내아들

면담자 그러셔야 할 텐데요. 그럼 2000년에 시화로 올라오셨을 때는 그러면 이런저런 일 하시고요?

순범 엄마 예. 그때는 제가 솔직히(웃음) 시화로 왔을 때는, 전주에서 미용실을 하다가, 제가 귀가 좀 얇아요(웃음). 제가 귀가 되게 얇아요. 그래 가지고 뭔 꼬임에 넘어가 가지구 다 접고, 시화로 올라왔죠.

면담자 여기서 새롭게 일을 시작하실 생각이셨네요?

순범 엄마 근데 결국은 안 되더라구(웃음). 쫄딱 망하구… 다시 시작했지, 밑바닥부터 다시. 우리 아이들이 어릴 때니까, 초등학교 애기구. 다시 시작해서 가게를 하나 했어요(웃음). 다 이제 정리하고, 깨끗하게 정리를 하고. (면담자 : 미용실은 아니고요?) 안 하고, '돈을 빨리 버는 방법을 찾아야 되겠다' 그래서 호프집을 하나 했어요(웃음).

면담자 그럼 주로 밤에 일하셨겠군요?

순범 엄마 그때도 밤에 장사하고, 낮에는 알바. 그 이제 꺼꾸[거꾸로] 가는 거지, 그때 당시엔 낮에 알바를 했으니까. 그게 뭐야 식당 그 있잖아요, 회사 식당, 구내식당인가? 구내식당에서 설거지. 오전에 가서 그거 하고. 많이도 안 줘, 9시 반부터 가가지고 2시까지 하는데 50만 원 줘.

그것도 하고. 항상 그니까 한 가지 일을 못 했어, 두 가지씩은 해야지. 그렇게 하다가 자리 잡아가지고… 자리 잡으면서 순범이 아빠가 그때 당시 2006년도지, 나에게 큰 실수를 했지. 그래 가지고 거기서 별거하다가, 아니다 싶어서 이혼해 버렸지 아예. 그래 가지고 안산을 온 거지.

면담자 시화 사시다가 2006년에 안산으로 옮겨 오신 거군요.

그때 옮겨 오실 때 따님이랑 순범이도 같이 안산으로 온 거였군요. 그때 안산은 어떤 인상, 어떤 기분이셨나요?

순범 엄마 모르겠어요, 그땐 아무 생각 없이, 그때는 아이들만 생각하고 왔기 때문에. 그 면허 시험장 뒤쪽에 진아타운이라고 있어요. 진아타운, 진아빌라. 그냥 애들하고 있으니깐 마음이 편했어. 열심히 [살았지]. 거기서는 화장품 영업을 시작을 했지. 왜냐면 생각이… 빨리 돈을, 우린 그때그때 벌어서 써야 되는 입장이잖아? 영업 쪽으로 많이 했지. 화장품 영업을 그때 시작해 가지구 한 3년, 4년 했나?

면담자 그때 화장품 영업하실 때에도 저녁엔 또 다른 일 하시구요?

순범 엄마 네 거의. 긍게 계속은 못 되더라도 잠깐잠깐씩이더라도 한 달, 두 달 이렇게는 거의 했어요.

면담자 엄마가 무슨 일을 하는지에 대해서 자녀들이 궁금해하곤 했나요?

순범 엄마 얘기해요, 그냥 나는. "엄마 이렇게 해서 지금 이걸 하고 있다, 할 생각이다" 하고 얘기하고. 또 "엄마가 이거는[현 상태로는] 좀 부족해서 엄마가 알바를 해야 되겠다" 그럼 아는 이모들 가게 가서 설거지도 하고…. 〈비공개〉

면담자 순범이 누나들을 키우시면서 어떤 재능이 있다거나 그런 걸 발견하셨나요?

순범 엄마 근데 내가 참 후회되는 게 그 재능을 찾아서 좀 해줬더라면…. 근데 제가 제 욕심인지도 모르는데, 어렸을 때 같은 경우는 미용 쪽으로 많이 신경을 써가지고… 그쪽으로도 가보고. 〈비공개〉 우리 작은딸은 알바를 하면서 다녔어, 학교를. 대학교도 마찬가지로 지가 알바하면서, 지가 용돈은 벌어 쓰고 나머지 큰돈 들어가는 거는 (면담자 : 등록금 같은 거는 어머님이 해주시고) 그렇지. 용돈 같은 거는 안 받아 쓰고, 달라 소리를 안 하니까. 큰돈만, "엄마 이렇게 해서 학비 좀 내야 돼요" 그러면 그때만.

면담자 순범이는 어렸을 때부터 쭈욱 순한 편이었나요?

순범 엄마 예, 그런 것 같아요. 어렸을 때부터. 애들이 다니면 이렇게 [엄마] 손잡고 다니잖아, 막 사달라고 조르고 떼쓰고. 우리 아들은 이제 설명을 해줘, "이거는 아직 안 돼요" 저기[설명] 하면 그냥 '그런갑다' 하고 따라오는 그런 스타일이었어요.

면담자 징징대는 게 없었군요?

순범 엄마 그런 거 별로 못 봤어요. 그래서 걔는 매를 한 번도 맞아본 적이 없어요.

면담자 위에 누나들과는 다르게?

순범 엄마 예, 다르죠. 우리 작은딸도 거의 순하게 컸는데 우리 아들은 거의 매를 때려본 적이 없어요, 맞아본 적이 없어. 혼을 나본 적도 [없어], 제 기억으로는. 때릴 시간도 없었겠지만 혼낼 시간도 없었겠지만, 그래도 그렇잖아요. 아무리 저기 해도[순해도] 말 안 듣고 그러면 혼내지잖아요. 혼낸 적이 별로 없는 것 같애. 어렸을 때부터 누나들이랑 노니까 그런가 누나들이 키워서 그런가, 누나들한테는 많이 혼났겠지, 그쵸?

면담자 아, 누나들은 많이 혼냈다고 하던가요?

순범 엄마 혼냈을 거야 아마, 그렇게 얘기는 안 해도. 저는 혼낼 일이 없었어요. 저한텐 그러고, 그렇잖아요 솔직히… 애기잖아요, 막둥이. 뭘 혼낼 일이 뭐가 있어요.

면담자 그렇죠, 다 귀엽죠.

순범 엄마 다 이쁘지. 근데 뭐 크니까 더 이쁘더라고. 난 크니까 아주 막 미치겠더라고 이뻐 가지고. 누워만 있어도 이렇게 만져보면 아주 저기잖아, 듬직하잖아. "아, 이놈만 있으면 돼". 누나들은 제껴놔 버리고. 누나들은 제껴놔 버리고(웃음) 내가 그래서 그런 소리 많이 들었어. "엄마는 아들만 좋아한다"고. 그런 건 아닌데 아들 딱 좋아하고 이런 게 아닌데, 왠지 이렇게 있으면 옆에만 있어도 든든하고 걱정이 하나도 없잖아. '이놈만 있으면 돼'. 그래서 별로 아무 말도 안 해, 걔 아무래도 "너 잘못했어" 별로 안 했던 것 같애. 가끔은 했겠지, 했긴 했겠지, 기억이 안 나서 그렇지, 했긴 했겠지.

면담자 아, 그렇습니까?

순범 엄마 예, 근데 왜냐면 내가 퇴근하고 딱 가면 누나들은 막 늘어놔요, 집 안을. 우리 아들은 다 치워요. 빨래도 이렇게 엄마가 어떨 땐 못 하고 가면 지가 싹 넣어서 다 빨아놓고 널어놓고. (면담자 : 알아서?) 예. 지가 좀 늦으면 내가 저녁에 가서 교복 빨아놓고 자거든. 지가 또 다 빨아요, 실내화도 다 빨고. 거의 내가 손이 많이 안 가는.

면담자 그럼 순범이 중·고등학교 때는 일 마치고 들어가시는 시간도 좀 늦으셨을 것 같은데요? (순범 엄마 : 늦죠) 한 10시, 11시 이렇게 들어가셨어요?

순범 엄마 제가 한 9시 사이에 집엘 들어가요, 가게를 끝내고. 그 전에는 12시에도 들어가고 그랬어요.

면담자 미용실 하기 전에요?

순범 엄마 네, 영업하고 할 때는. 그때는 뭐 일 끝나고 밤에 일할 때, 알바할 때는 일 끝나고 집에 와서 옷을 이제 편안한 옷을 갈아입고 자잖아요? 그때 보는 거지. 그때 보고 아침에는 9시에 출근을 하니깐 좀 자고. "아들 갔다 와" 이러고 그냥 누워서. 지가 이제 아침에 누나가 사다 놓은 우유랑 아침에 애들 먹는 거 있잖아. (면담자 : 시리얼 같은 거요?) 우유에 타서 먹는 거 지가 타서 먹고 거의 그랬죠.

면담자 안산 오셔서 네 가족이 지냈던 것 중에 기억에 남는 일이 있으세요?

순범 엄마 기억에 남는 거는 별로 없었어요. 옛날에 낚시, 충청도 저쪽에 지금도 있는데, 그때 이제 누구랑 같이 낚시를 간 적이 있어. 낚시를 갔는데, 그때 모기를 엄청 뜯기고 온 거… 이런 거. 어릴 때는 좀 가긴 갔는데, 커서는 그때 한 번 갔다 온 거 같애.

면담자 그때는 가족이 다 간 건가요?

순범 엄마 큰누나는 안 가고 작은누나하고 이렇게. (면담자 : 셋이서?) 네. 그러고 가끔은 밥 먹으러는 다니지, 외식을 하러. 같이 생일 되면 생일 파티 하자, 그런 기억들. 같이 막 깔깔대고 웃는.

면담자 순범이는 뭐 좋아하나요?

순범 엄마 우리 순범이는 엄마가 "뭐 먹고 싶어?" 그러면 거의 탕수육 아니면, 튀긴 닭을 뭐라 그러지요? (면담자 : 통닭이요?) 통닭. 그리고 나가면 고기, 근데 많이 먹지도 않아요. 갈비 같은 것도 근데 꼭 밥하고 같이 먹어야 돼. 우리는 그냥 고기를 먹잖아요. 걔는 밥을 하나 미리 시켜줘야 돼.

면담자 한창 클 때라서 많이 먹어서 그런가요?

순범 엄마 모르겠어요, 밥을 항상 먼저 시켜줘요. 그리고 고기하고 같이. 많이 먹지는 않는데. 그 집을 지나가면 그놈이 생각이 나는 거야. (면담자 : 그 집이요?) 우리 집에서… 갈빗집인데 집에서 제일 가까운 데(웃음). 근데 또 맛있게 해요. 그래서 거기 많이 갔어. 생각나면 가고, 같이. "야, 오늘 그냥 고기 먹자" [하면서] 고기 먹이고, 내가 해주지를 못하니까 거의 사 먹이지, 가끔 사 먹이지, 아님 시켜주든가.

면담자 어머니께선 일하시니까 요리를 해주고 할 시간이 없으셨지요?

순범 엄마 네. 먹다가 이제, 만약에 내가 중간에 빨리 일을 가야 되면, 퇴근을 하고 와서 먹다가 먼저 내가 일어날 때도 많아. 일어나서 나는 먼저 오고, 애들[이] 정리하고 다 먹고 집에 이제 가고 그런 때도 많았어. 거기서 마무리를 완전히 할 때가 별로 없었어.

면담자　　또 일을 가셔야 되니까요. 일을 계속 많이 다니셔야 하는 상황에 대해 많이 지치거나 그러시지는 않으셨어요?

순범 엄마　　좀 지칠 때도 있지, 화가 날 때도 있고. 근데 뭐 화낸들 뭐 해, 내 팔자가 그런걸(웃음). 그래서 오로지 애들만 생각했기 때문에, 힘들다기보다도 어떻게 애들하고 편안하게 앞으로 살아야 할까 [하는] 생각이 앞서기 때문에 놀지를 못하는 거지. 쉴 수가 없는 거지, 쉬면 더 안 편해.

면담자　　마음이 더 불편하신 거군요?

순범 엄마　　어, 마음이 불편해. 그니까 '아예 차라리 일을 하자'. 우리 애들이 남한테 꿀리지 않게 돈이라도 자유롭게 쓸 수 있게 만들어 줘야 되기 때문에.

면담자　　어머니는 자라실 때 '뭐가 되고 싶다', 이렇게 생각하셨던 게 있으셨어요?

순범 엄마　　그런 거 없었던 것 같애(웃음). 그냥 살았던 거 같애. 뭘 특별하게 잘하는 것두 없구, 하고 싶은 거는 없었던 거 같애. 공부도 하기 싫었고… 정말. 시집도 가기 싫었고.

면담자　　어, 그러셨어요?

순범 엄마　　예. 그런데 어쩌다가 시집을 갔는데 거의 일은 안 했죠. 집에만 있었는데(웃음) 집에서 애기들 키우면서 예쁘게, 집 같은 거를 예쁘게 꾸며놓고 집을 막 옮겼다 뒤집었다 엎으고 이런 일을 [잘했어요], 그렇게 살았어요 그냥. 저는 그런 게 취미예요, 예쁘게 꾸며놓고 이렇게 하는 걸 좋아해서. 그냥 애들만 키우다가 이제 일을 하게 됐죠, 장사를. 짜장면집을 시작하면서 그때부터 불화가 온 거지.

면담자　　그럼 짜장면집은 전주에서 하셨어요?

순범 엄마　　아니 서울에서 우리 애들이 이제 어렸을 때. 가게를 같이하면서 트러블이 많이 생겼지. 그래서 이제 사달이… 그 사달이 난 거지. 그 전에는 그냥저냥 살았지, 그냥 벌어다 주는 걸로 애들 잘 키우고 그렇게 살 줄 알았지. 그렇게 살 줄 알았는데…… 그게 잘 안 됐지.

면담자　　그래서 부모님이 헤어지게 됐을 때, 순범이 누나들은 그때 기억이 있을 것 같은데요?

순범 엄마　　있었어요. 그래서 저는 죽을… 라고도 했었죠.

면담자　　아… 어머니께서요?

순범 엄마　　그러고 나서 이혼을 한 거라서……, 그것도 이제 애들 큰아빠가 해줘가지고, 이혼을 도와줬죠. 그래서 제가 애들을 데리고 왔는데, 그냥 죽을라고 했어. 죽을라고 약을 먹어버렸지.

면담자　　너무 힘드셨군요.

순범 엄마　　근데 딱 깨어나니깐 애들밖에 안 보이더라고(웃음). 애들밖에 안 보이는 거야. 그래서 그냥 병원에서 나와가지고 바로…… 그 중간중간 사연은 있으니까. 나왔는데 또 애들[이 눈에 보이니까], 나오면 살 수도 있을 것 같았어. 거기만 나오면 애들하고 그냥 (면담자 : 살면, 잘 살 수 있을 거다) 애들하고만 살면 살 수 있을 것 같았어. 또 받쳐주질 않지, 우리 애들만 누가 봐줄 사람이 있으면 내가 다른 또 뭔가를 찾아서 했겠지, 그죠? 근데 그게 또 잘 안 돼가지고.

면담자 애들이 어리면 애들을 키워야 되는데 돈도 벌어야 되니까요.

순범 엄마 그러고 나서 이제 큰집 옆으로 가게를 하나 쪼그맣게 했어요. 근데 돈이 없으니까, 돈도 안 받고 나왔으니까 없는 상태라 뭘 할 수가 없는 거야. 뭘 해도 안 되고 애들 놓고 시장도 새벽에 가잖아? 그럼 애들이 막 울고 난리가 난 거야. (면담자 : 엄마가 곁에 없으니까) 시장 갔다 오면, 그 남대문시장, 동대문시장 갔다 오면. 그래가지고… 나중에는 맡겨놓고 가고 이렇게 되더라고, 그러다 보니까 굉장히 힘들어지더라고 그게. 그래서 정리를 해버렸지. 그래 가지고 그냥 시골 가서 이모들 옆에 [살면서] "잠깐 좀 봐달라" 하고 이렇게 [일을] 할라 그랬더니 그건 그렇게 또 마음대로 되나, 안 되지.

면담자 전주 와서 이모들한테 아이들을 맡기려고 생각하셨던 거였군요?

순범 엄마 응. 엄마도 와서 좀 도와주고 그러면 내가 직장생활을 좀 하지 않을까….

면담자 그런데 생각처럼 되지가 않았군요?

순범 엄마 근데 살림을 하고 내 가게 좀 하다가 한 사람이 뭔 일을 얼마나 잘하겠어? 그렇잖아요? 배운 게 없기 때문에. 그래도 순범이 아범 만나서 그동안은 내가 열심히 배웠지, 미용도 배우고. 사람 일은 모르니까 '내 일을 정확하게 찾아야 되겠다' 싶어 가지고 그때 미용을 배운 거지. 그래서 일단 자격증 따놓고 '내가 뭘 해도 해야 되겠다' 싶어 가지고 그때 하게 됐고. 근데 또 귀가 너무 얇아가지고 그게 사달이 난 거잖아. 그게 아직 철이 안 들은 거야…… 끈질기지를 못 해가지고 애들만 고생시키고 하여튼.

면담자 그래도 잘 컸다고 말씀하셨잖아요.

순범 엄마 근데 잘 컸어요. 내가 지금에 와서 생각하니까 '애들은 그래도 고맙게 잘 커줬구나, 감사하게'. 그렇게 살았는데… 항상 애들 칭찬을 많이 받았어요, 동네 분들도 그렇구.

면담자 뭐라고 칭찬을 하던가요?

순범 엄마 "애들 잘 낳아놨다", "애들 참 잘 컸어" 이렇게. 근데 참 마지막 겨울방학 때 김치를 같이 담갔다?

면담자 순범이 고1 때요?

순범 엄마 예, 우리 아들이랑. 너무너무 이렇게 둘이 담그는데, 나는 이렇게 양념, 인제는 절군 거를 사다가 담가요. 우리 아들하고 둘이 담근 거예요. 가시내들 있어도 다 소용없다. 응. 양념 이렇게 내가 하고 있음[있으면] 지도 같이 간 봐주고. "이거 엄마, 하나 줘봐" 라면서 입 쫙쫙 벌리면서 참새처럼 쫙쫙 벌려주고.

면담자 그게 옆에서 받아먹는 게 맛있거든요.

순범 엄마 근데 간도 잘 맞춰요. 입맛은 또 엄청 잘 알아요. 그래 가지고 담아서 이렇게 통에 넣어주잖아. 그면 딱 들고 갖다 놓고, 딱 들고 갖다 놓고.

면담자 그렇죠. 김장할 때는 쓸모가 있죠.

순범 엄마 으응. 너무 좋은 거예요. 그래 가지고 암튼 맛있게 담가가지고 또 여기 옆에 언니가 자기도 담가달라고 그랬거든. 근데 배추가 좀 살아서 온 거야, 별로 맘에 안 드는 거야. 그래 가지고 "아유, 언니 별로 맛없을 것 같애". 그래도 그냥 한 통만 우리 아들하고 들고 갖다줬더니 너무 맛있다고 우리 아들 주머니를 그냥 채워주더라고. 우리 아들이 용돈을 많이 받았는데, 그 [언니는] 아들이 그냥 부러운 거지, 아들 하난지 알잖아. 그렇게 막 김치 통 들어다 주고… 그 언니들은 엄청 생생하잖아, 그때 모습이. 그때 당시 가게가 홀딱 뒤집어졌지, 그 언니들 때문에. 우리 아들 사고 터지고 나서 얼굴을 못 보지. 지금도 아직 나한테 전화를 못 해요. 미안해서…….

면담자 미안하다는 게 어떤…?

순범 엄마 모르겠어요. 그냥 그 아들이 눈에 자꾸 밟힌대, 그때 모습이.

면담자 미용실 하셨을 때 주변에서 같이 하시던 분들이요?

순범 엄마 그렇죠. 김치 같은 거 같이 담가서 나눠 먹기로 하고, 우리 아들이 인제 내가 못 드니까 지가 들어다가 갖다드리고. 가게, 그때는 방학 때니까 가끔 한 번씩 와. 자주는 아니고 와가지고, 그럴 때는 짐이 있으면 또 들고 내려주고.

면담자 미용실을 좀 크게 하셨던 건가요?

순범 엄마 아니에요, 조그맣게 했어요. 그냥 나 혼자서 할 수 있는, 한 여덟 평 정도 돼요. 거기서 마사지, 미용실 같이. 저 혼자 했어요. 그 마사지 같은 거는 예약을 받아서 하고. 주위에 있는 언니들, 우리 고객이죠, 어떻게 보면 우리 손님. 손님인데 친언니처럼 와서 마사지도 받고.

면담자 안산에 오셔서 새로 알게 되신 분들인가요?

순범 엄마 그렇죠. 그 전 사람들은 그냥 왕래만 하던 사람들이었고. 많죠, 많이 있겠지. 그리고 영업 같이 했던 사람들 또 때로는 보험도 했던 사람들, 보험도 했으니까. 많이 있지만 그때는 어차피 매일 보는 사람들이잖아요. 오히려 매일 보는 사람들이잖아, 그런 사람들은 한 1년 정도 된 사람들. 근데 제가 진짜 잘해요, 인간과 이렇게 저기 하는[사귀는] 건 잘해요.

면담자 그럼 옛날에 같이 일했던 분들과도 계속 교류를 꾸준히 하셨었군요?

순범 엄마 예, 계속하고요. 거기서 거기 나름대로 그분들, 나이 드신 분들도 되게 좋아했어요, 저를(웃음). 항상 지나가면서도 뭐 하나 들고 와서 주고 가고, 뭐 핀이라도 귀걸이라도 하나 막 들고 와서 주고 가고, 저도 또 그만큼 해야 되겠죠.

면담자 원래 그렇게 잘 베푸셨을 것 같으세요.

순범 엄마　　예. 저도 아무튼 이제는 아들 하나밖에 없었기 때문에, 이제는 예전처럼 아등바등 안 살고 서로 베풀면서 살게 됐지, 그 때 당시에는. 서로 이제 아끼지 않고 주고 먹을 거 있음 꼭 챙겨주고 뭐 하나 맛있는 거 시켜서 같이 먹고. 그쪽도 마찬가지로 뭐 있으면 꼭 갖고 와서 같이 먹으려고 했고.

면담자　　그건 예전부터 쭈욱 그러셨다는 건가요?

순범 엄마　　아니요. 미용실, 마지막 기억에 지금 제일로 남는 부분은 거기[미용실]고. 영업하다가는 그렇게 못 하잖아.

면담자　　미용실 하실 때는 동네 고객들이랑 친분을 쌓으며 지내셨군요?

순범 엄마　　응. 동네 거시기들은 다 오잖아, 미용실에 모이잖아요. 그때만 [서로] 얘기하지. 그 전에는 뭐 가끔 밥 먹고 점심이나 먹고 이러지 뭘 싸들고 가고 이러진 못하잖아. 가게를 할 때는 그렇게 되더라고. 다 동네잖아, 옆엣집 뭐 그렇잖아. 그니까 거기서 맛있는 거 하나 갖고 오고 나도 뭐 있는 거 [가져가서] 이렇게 나눠 먹고. "언니 내려와" 이러고.

면담자　　그분들한테서 요새도 연락이 오나요?

순범 엄마　　지금은 제가 전혀 연락을 못 해요. (면담자 : 연락을?) 안 해요. 안 하기도 하고 못 해, 나한테. (면담자 : 연락이 오지도 않는군요) 연락이, 전화가 오면 어, 몇 번은 처음에 오더라고 아니면 문자로 "괜찮니? 몸 건강하니? 아프지 말아라" 뭐 이렇게.

면담자 그럼 답을 하셨나요?

순범 엄마 안 해, 뭔 말을 해야 될지도 모르겠고, 혹시라도 "이제는 니 몸도 생각해야 되지 않냐?" 뭐 이렇게, 그런 말[을] 나를 생각해서 하잖아? 그런 말 듣기가 싫어서. 암튼 친구를, 우리 그 친구는 그날 나한테 제일 먼저 전화를 [해서] 이렇게 알려준 친군데.

면담자 전화로 알려준 친구라구요?

순범 엄마 우리 아들 "학교 어디냐"고, 수학여행 갔을 때 어디냐고 물어보고, 전화가 왔을 때[전화해서] "뉴스 좀 봐라" 그런 친구.

면담자 처음 알려준 거군요?

순범 엄마 응. 그리고 내가 막 안절부절 하니까 그 친구가 이제 학교까지 나를 태워다 줬던, 내가 진도 내려갈 때도 배웅해 준 친군데, 암튼 내가 성질내고 왔잖아. "쓰잘데기 없는 소리, 이야기하지 마라"고(웃음). "니 새끼 죽어봐라. 니 새끼 죽으면 너 그 소리 할 것 같냐? 못 하지. 어떻게 내가 지금 가만히 있고 나, 나를 위해 지금 살겠냐고. 그런 말 안 했으면 좋겠다" 그랬어요.

면담자 그 친구한테는 속 감정을 얘기하셨네요?

순범 엄마 응. "넌 내 친구잖아. 내 친군데 만약에 니 새끼가 죽었어. 너 그때도 나한테 그런 소리 할 거야? 아니잖아. 그러면 그런 소리 하지 마라. 그냥 지켜만 봐라. 니가 정확한 건 잘 모르잖아". 그러면서 내가 콱악 쏘아붙이고(웃음), 그다음부턴 아예 연락 안 했어.

면담자 연락 오지도 않던가요?

순범 엄마 못 오지. 못 하지 지는. 왜냐면 정말 친한 친구였거든. 정말 서로 이렇게… 하는 친군데. 그리고 제일 가슴 아파했던 친구, 그때 당시에. 그리고 그 전날 나한테 아들 수학여행 가는데 어디서 배 타는지도 모른다고 나한테 엄청 구박했던 친구거든. "너는 애가 수학여행 가는데 어디서 배를 타고 어디서 저기 하는지…" 그래서 내가 "야, 애들이 어련히 잘 갔다 오냐 응? 배 타는 데서 타겠지 인천 아니면 뭐 뻔하지 않냐. 왜 미리 사서 신경을 쓰냐"고, 내가. "왜 걱정을 하냐"고, "우리 애 잘 갔다 올 건데" 그렇게 말하고, 그다음 날 그렇게…… 그런데 하……(한숨).

6
수학여행을 보내기 싫었던 심정

순범 엄마 그런데 왜 [그랬는지] 그 전에는 보내기 싫었거든, 사실은 내가. 사실은 우리 아들을 수학여행 안 보내려고 버팅기다 버티다 막판에 보낸 거야.

면담자 아, 그러셨어요? 왜요?

순범 엄마 왠지 며칠을 떨어져 있을, 아무리 내가 뭐 하루 종일 같이 이렇게 있진 않지만, 그래도 며칠 또 떨어져 있는다는 게 불안한 거야, 마음이. 난 하루 [다녀오는] 이런 거는 보내요.

면담자 어렸을 때도 초등학교 때 수학여행 가고, 수련회 같은 것 가면 며칠씩 떨어져 있었던 경험이 없으셨나 봐요?

순범 엄마　그렇게 별로 떨어진 적이 없던 것 같애, 기억에. 그냥 거의 하루 이렇게 갔다 오는 거, 소풍 갔다 오고 이런 거. 그리고 중학교 때인가 수련회를 한번 갔다 온 거를 아는데. 그렇게 많이 떨어져 있지를 않아 가지고. 그때 3박 4일이었죠? 그렇게 또 떨어질라니까 깝깝은 하긴 해. 그래서 내가 애들한테 "아, 이거 어떻게 하지?" [그랬더니] "엄마, 추억은 남겨줘야지" [그러더라구]. 이런 대화 속에서 고민을 며칠을 하다가 "그래, 추억을 남겨줘야지" [하고 생각하고 보냈죠].

면담자　순범이는 가고 싶어 했지요?

순범 엄마　어, 가고 싶어 하는데, 친구들 다 가는데, 그날이 마지막 금요일이었어. 화요일 날 수학여행 갔잖아? 금요일 날 내가….

면담자　되게 늦게 허락을 해주신 거군요.

순범 엄마　고민을 무지하게 했어. 그래 가지고 "아들아" [하면서] 내가 우리 아들한테 돈을 줬어요. 입금을 시킨 게 아니고 우리 아들한테 주면서 "아들이 갖다 내소. 그래 잘 갔다 오고, 마지막 수학여행인데 갔다 와야지". 그러고 내가 돈을 [줬지요]. 내가 진짜 한 일주일 고민했던 거 같아요.

면담자　누나들한테도 얘기해 보시지요. (순범 엄마 : 얘기했어요) 보내기 싫다구요?

순범 엄마　응. "에이, 그냥 보내기 싫은데, 어떻게 3일 동안 안 보구 산대" 이랬다니까. 그랬더니 "가고 싶어 하더라, 얼굴이. 얼마나 좋았겠어". 그래서 "그래, 갔다 와라" 그러고 내가 돈을 손에 주면서 "학교에 갖다 내라, 엄마가 가서 못 내니까" 그랬지. 그리고 그때부터 좋아 죽는 거지. 그때부터 막 옷을 입어보고 "이거 갖고 갈까?" 누나들하고. 누나들하고 이거 입었다 저거 입어보고 다 입어보고……. 그리고 지가 누나들하고 같이 짐을 싼 거지.

면담자 순범이가 친구들이랑 간다고 좋아했는데, 학교에서 친하게 지냈던 친구들 혹시 기억나시나요?

순범 엄마 저는 이름은 기억이 안 나요. 애들하고는 잘 [만나지를 않아서]. 근데 누나들이 많이 알더라고 누나들이, 순범이 친구들을.

7
막내아들의 꿈과 노력, 엄마를 위한 배려

면담자 순범이는 고등학생 되고 나서 장래희망은 뭘 생각했었나요?

순범 엄마 장래희망은, 내가 고등학교 1학년 때 얘기를 했어요. "아들, 공부도 잘하지도 못허고, 도대체 뭘 해야 쓰까?" 그렇게 물어보면서 "아들은 정말 하고 싶은 게 뭔가?" "몰라" 그래. "그냥 나는 아들이 좋아하는 거 했으면 좋겠다. 뭔지 엄마한테 얘기만 해줘라. 뭘 좋아하는지 아님 하고 싶은 게 뭔지만 얘기해라" 그러고 기다렸지. 그리고 2학년 올라갔잖아. 그래서 [또 물어보니까] "그러게 엄마 뭐를 해야 할까?"

면담자 순범이도 뭘 할지 잘 몰랐던 건가 보네요?

순범 엄마 근데, 지가 낙서해 놓은 게 있더라고요. 지 꿈은 어느 순간에 "모델이 되고 싶다"고 이렇게 낙서를 해놨더라고요. 그때까지는 나는 모델이 꿈인지도 몰랐지. 사실 솔직하게 몰랐잖아. 그냥 "아들, 아들이 좋아하는 거 잘 선택하자, 응. 어차피 공부는 뭐, 엄마가 능력이 안 돼서 그렇게 많이 못 가르쳐서, 공부 잘하지 않아도 공부 잘 못해도 괜찮으니까, 니가 제일 좋아하는 과를 선택을 잘하자, 우리가"[라고 말하고 있었던] 상황이었고. "누나들하고 잘 상의를 하고 잘 선택을 하자. 아직 시간이 조금 있다. 수학여행 갔다 와서 2학년, 3학년 되기 전에 완전히 내 거를 찾아야 한다"라고 얘기를 했었지. 그러고 이제 수학여행 간 거지.

면담자 누나들은 순범이가 어떤 장래희망을 가지고 있었는지 아는 눈치이던가요?

순범 엄마 누나들하고 얘기를 해. 나[는 순범이] 누나들하고도 별로 얘기 안 했어, 사건 나고는. 사건이 터지고는, 우리 아들 수학여행 보내고 이런 일 있고 나서는 애들하고도 대화를 잘 안 해.

면담자 이전보단 더 못 하게 되셨단 말씀이신가요?

순범 엄마 그렇죠.

면담자 물론 바쁘시기도 하죠.

순범 엄마 바쁜 건 둘째 치고 아예 대화가 없어져 버렸어요. 아들 얘기, 이런 얘기는 전혀 입 밖으로 꺼내지도 못하고요. 〈비공개〉

면담자 그럼 어머니 요즘 대외 활동 많이 하셨던 것에 대해서도 말씀 안 하세요?

순범 엄마 그런 데서 봐. 그런 데서 나를… 뭐라고 하진 않아, 뭐라고 하진 않는데…. 내가 그랬거든, 처음에 이제 시작할 때. "엄마가 많이 관심 못 갖더라도 니네들 이해해라. 순범이 일은 분명히 엄마가… 여기 [가만히 있지] 못 하겠다. 이제 니네들은 성인이 되지 않았냐" 얘기를, 선포를 딱 해놓고, 그때부터 지금까지도 하고 있고 앞으로 할 거고. 처음에는 말도 못 했어요, 아들 얘기. 그리고 나를 어디서 아냐면 페이스북이나 저기를 보고 내가 어디 있구나, 청운동에 있다, 뭐 팽목에 있다 이런 걸 알았으니까.

면담자 아, 어머니께서 페이스북 하시는군요?

순범 엄마 예, 그런 데서 알더라고 애들이. 엄마가 오늘은 어디 가 있고, 오늘은 또 저기 가 있고, 뭐 이렇게. 한 번씩 내가 문자 넣으면 "알어, 엄마 어디 [있는지]".

면담자 (웃으며) 시크한 딸이네요?

순범 엄마 응, 그렇게 살았어, 지금까지. 혹시나 요즘에는, 처음에는 지가 이제 서울 가고 나 혼자 있으니까, 걱정은 좀 하더라고. "친구들 많이 불러서 같이 놀아"라고. 그 엄마들 있잖아, "같이 놀아"라고. "같이 어울리라"고, "혼자 있으면 안 된다"고. 근데 혼자 있을 수[는] 있는데, 그 엄마공방 일하면서 혼자 조금 달래, 혼자 있는 거 잘 못하거든. 그때 많이 적응을 했어.

면담자 원래 혼자 있는 걸 잘 못하시는 편인가요?

순범 엄마 그냥 애들하고 있으면 애들하고 같이 있어야 될 상황이고, 혼자 있는 거는 진짜 잘 안 있어요.

면담자 원래 혼자 있는 걸 별로 즐기시지도 않는 거군요.

순범 엄마 응. 애들하고 누워 있어도 같이 누워 있고, 뭘 먹어도 같이 이렇게 있어야 되고, 혼자 있는 거는 별로. 일하러 갈 땐 어쩔 수 없잖아, 그죠? 일하러 갈 때는 어쩔 수 없고, 집에 있을 때는 애들하고 같이 있어야 돼. 혼자는 거의 안 있어. 우리 아들이라도 옆에 있어야 돼. 아들도 없고 그러면 심란해, 집에 있으면. 어떤 땐 하루 쉬잖아, 낮에? 그럼 심란해.

면담자 아들 학교 가 있고.

순범 엄마 응. 다 이제 나가 있고. 나는 그냥 나가. 그래 갖구 이제 아들 들어올 때 되면 일요일 같은 때 다 모여 있을 때에 밥도 먹는 거지.

면담자 그럼 그렇게 심란하실 때, 나가시면 뭐 하시나요?

순범 엄마 전 특별히 하는 거 없어요. 그냥 내 영업상 나가는 거지(웃음).

면담자 아, 그럼 뭐 미용실?

순범 엄마 아니, 그때 당시엔 이제 영업을 했잖아. 그러니깐 그런 데 찾아가는 거지. 내 고객들 관리하러 다니는 거지.

면담자 그나마 짬이 나셨을 때는 쉬신다기보다는 그래도 다시 일하러 나가시는 거네요.

순범 엄마 응, 못 있겠더라고. 거의 못 있어서 놀러라도 가, 그냥 고객 집에. 뭘 하나 들고 간다든가, 그냥 "놀러 왔다" 이렇게. 그래서 한 번씩 찾아가서…… 그래도 그때는 많이 도와줬어요, 사람들이 열심히 산다고. 근데 더 큰 돈은 못 벌겠더라고, 영업도. 그냥 먹고살 정도, 우리 넷이서 먹고살 정도 벌었어(웃음). 남들 과외비가 몇백, 뭐 얼마씩 들어가고 이런 거를 못 해봤어.

면담자 사교육 같은 것은 자녀분들한테 해주신 적이 없으시고요?

순범 엄마 전혀 못 시켰어요. 어렸을 때야 애들 유치원 보내고 이런 거밖에 못 하잖아. 태권도 이런 거는 보내지, 머스마니까 그런 거 정도. 크면서 이제 중간에 운동을 굉장히 하고 싶어 했거든.

면담자 아, 순범이가요?

순범 엄마 응, 운동을 좋아해.

면담자 무슨 운동을 하고 싶어 하던가요?

순범 엄마 축구 이런 거 다 좋아하더라고, 야구도 좋아하고. 그냥 운동하는 거를 좋아해, 그 자체를 좋아해.

면담자 헬스를 끊어달라고 하던가요?

순범 엄마 그런 것도 안 해요. 나는 그랬으면 차라리 나을 뻔했어.

면담자 스포츠 학원을 다니겠다고 했었나요?

순범 엄마 어느 순간에 한번 그러더라고. 그래서 내가 "그러면 찾아라. 니가 하고 싶은 걸로 배워라" 그랬는데, 그런 단계였고. 또 나한테 얘길 안 해, 지가 운동도 하고 싶으면 요즘에 이런 거[운동 기구라든지] 사달라고 하고 그래야 되잖아. 그런 말을 안 해. 나는 그게 더 화가 나는 거지. 왜 우리 아들놈은 그런 말을 안 했을까. 그럼 엄마가 어떠한 수단과 방법[을] 가리지 않고 다 사줬을 거야. 그래 가지고 어떻게 했는지 알어? 이렇게 물통 두 개에 물을 집어넣어 가지고 테이프로 막 이렇게 감았어. 손잡이를 딱 만들었어요, 어떻게 테이프로 두 개를. 그걸 가지고, 모델이 꿈이었잖아요. 그동안에 그래프를 딱 그려놓구요, 지 혼자 나름대로 운동했던 거야.

면담자 아령을 만든 거군요.

순범 엄마 그게 아령이지요? 아령인지, 그런 것도 몰라. 이렇게 물병 두 개를 이렇게 묶었어요, 묶었어. 손잡이, 이걸 갖다 이렇게 만들었어.

면담자 그렇게 만들어서 그거 가지고 운동을 한 거군요.

순범 엄마 응, 그걸로 운동을 했던 거야. 그리고 그림을 그려서 운동[하는] 순서를 그려놓고 했던 모양이더라고. 그게 다 있어, 집에.

면담자 말 안 해도 알아서 준비를 하고 있었네요.

순범 엄마 지 나름대로 준비를 하고 있었던 거지. 그게 나중에, 이 사달이 나고 나서 알은 거지, 그걸 어떻게 알았겠어. 그게 있긴 있더라고. "이거 뭐냐?" 그랬어, 내가. 운동하려고 만들어 놓았대. 그래서 "그러냐? 이런 거 아령 사면 되잖아" [그랬더니] 필요 없대. 이걸로 하면 된대, 그래 가지고 그렇게. "필요 없다"고, "이렇게 하면 된다"고. 그때까지도 깊이를[깊이 있게] 생각을 못 했던 거지, 거기[순범이가 모델이 되려고 운동을 하고 있었던 것]에 대한 거를. 왜냐면 알았으면 저기 했겠지[뒷받침해 주었겠지]. 그냥 그렇게 지가 운동, '그냥 집에서 운동 삼아 하나 보다' 이렇게 알았는데. 지가 메모해 놓은 거를 보니까 계획을 세우고 있긴 있었나 보더라고. 남들은 뭐 '국어 선생님 되겠다'[든지 그러지만, 순범이도] 지 꿈을 키우고 있었는데 내가 그거를 뒷받침을 못 해준 것 같아서…….

면담자 그러면 학부모들하고 특별히 따로 만나시거나 하진 못하셨을 것 같아요.

순범 엄마 그런 것도 없었어요. [학부모 모임 같은 모임은] 전혀 못 했고, 학교에[서 가정통신문이] 날아오면 우리 아들이 먼저 이렇게 지가 해갖고 가(웃음).

면담자 (웃으며) 알아서 서명해서 가져갔군요.

순범 엄마 응. 못 하는 거. 시험 기간에 감독하러 오라 그러잖아, 그것도 못 가, 시간이 안 나서. 가게 나가야 되고. 가게를 문 닫을 순 없잖아, 그렇게 되고. 영업할 때는 또 영업할 때 나름대로 시간이 안 되더라고. 아예 우리 아들[은] 포기하더라고.

면담자 어머니께서 일을 하시니까요.

순범 엄마 응. 못 하는 걸로 [알고 있어요].

면담자 그런 것에 대해서도 투덜댄다거나 하지는 않았나요?

순범 엄마 없었어요. "그래, 엄마 못 하지, 당연히?" 지가 와서 미리 선수 쳐. "엄마 못 하지?" 이렇게.

면담자 그럼 운동회 같은 데는 가보신 적 있으셨는지요?

순범 엄마 운동회는 가봤지. 운동회, 이런 거는 잠깐이라도 갔다 오지. 밥을 먹이고, 사서 먹이든, 음식 못 해갖고 가니까. 사서 먹이든[먹이더라도] 갔다는 왔지, 일단은. 다른 데는 못 가도.

8 정치, 선거 등에 대한 관심

면담자 많이 바쁘셨던 것 같은데 그러면 세상 돌아가는 일, 선거나 정치에 관심은 두신 편인가요?

순범 엄마 그런 데는 전혀 관심은 없지만 선거는 했어요, 선거는. 예. 선거는 안 한 거는[경우가] 별로 없었던 것 같고. 그때는 그냥 이렇게 심각하게 생각을 안 했고. '이 나라는… 앞으로 나만 잘 살면 되는…'(웃음). 그렇잖아? 남들은 각자 알아서 잘 살고 있잖아. '내가 잘 살아야 나라도 잘 산다'는 생각으로 열심히만 살았지. 그리고 앞뒤 볼 시간도 없었고. 거기에 대해서는 별로 관심이 없었어요. 저 국회의원이나 대통령이나.

면담자 특별히 좋아하는 정치인이나 특별히 지지하는 정당이나 이런 것도 없으셨나요?

순범 엄마 없었어요. 저야 지지하는 거는 별로 없었고요. 그냥 그때 내가 솔직히…… 찍었어요. 그래서 내가 굉장히 한을, 한을……. 손을 그냥 손가락을 잘라버리고 싶었거든요.

면담자 지금 현 대통령을 찍으셨단 얘기를 하시는 것이군요.

순범 엄마 예. 그래서 내 손가락을 잘라버리고 싶었어요. 그전엔 그 정도로 아니, 나는 무슨 생각을 했냐면 순수하게 여자, 저 옛날 고릿적까진 생각 안 하고, 그런 말 누가 와서 해주는 사람도 없었고. '그냥 여자 대통령이 되면…' 그동안에 해온 걸 봤잖아? 그래서 '여자 대통령이 되면 좀 다르지 않을까?'[라고 생각했지].

면담자 남자들이 하던 것과는 다르게 국가를 운영할 것이라고 생각하셨군요.

순범 엄마 어. '조금은 다르지 않을까?' [하는] 생각에 그냥 찍었던 것 같애. 우리 애들은 뭐 찍었는지 잘 모르는데, 얘길 안 해줘.

면담자 얘길 안 해주던가요?

순범 엄마 애들은 더 똑똑하더라고, 보니까.

면담자 똑똑하다는 게 무슨 뜻인가요?

순범 엄마 애들은 지금 이 닭을… 닭이라고 [하면] 안 되지. 대통령을 안 찍었을 것 같애(웃음).

면담자 어머니께서 생각하시기에 따님들은 현 대통령을 안 찍었을 것 같으신 거군요.

순범 엄마 응. 나 진짜 손가락을 자르고 싶어. 나는 그런 마음에, 진짜 순수한 마음에 정말 순수한 마음에 '조금은 다르지 않을까?' 하는 마음에 찍은 거거든.

면담자 그럼 평소에 뉴스를 즐겨 보신다거나 신문 받아 보시거나 그러셨나요?

순범 엄마 근데 뉴스를, 예전에 누군가 그러더라고요 "뉴스를 100프로 믿지는 말아라". 그런 게 있었어요. 간혹 한 번씩은 봐야 하잖아, 세상 돌아가는 거는 좀 알아야 되니까. 가끔 한 번씩 봐요. '아, 우리나라가 이렇게 돌아가고 있구나'. 뉴스만 보면 그렇잖아? 뉴스만 보잖아, 우린 다른 걸 보지 않잖아. 그래서 '어, 이렇게 돌아가고 있구나. 그래 열심히 살자. 열심히 열심히 그냥 우리 애들만 바라보고, 나는 우리 애들하고 열심히 살아야 이놈의 새끼들을 다 학교 보내고 시집보내고' 이 생각밖에는 없었으니까, 다른 생각을 할 겨를이 별로 없었지.

9
4·16 참사 이후 가족들의 일상 파괴와 딸들의 트라우마

면담자 집에서도 네 명이서 함께 한방에 모여서 누워서 뒹굴뒹굴했다 하셨잖아요? 그럴 때는 TV 보시고 그런 건가요, 아니면 누워서 같이 얘기하고 이런 건가요?

순범 엄마　　그냥 누워서 같이 놀아요, 뒹굴뒹굴. "아들, 흰머리 좀 뽑아줘" 뭐 이러면서.

면담자　　아, TV를 함께 본다거나 이런 건 아닌 거군요.

순범 엄마　　TV 틀어놔요, 그냥 틀어놓고 지는 지대로 놀고. 우리는 우리끼리 "흰머리 좀 뽑아줘" 아니면 "다리를 주물러 줘" 이렇게… 내가 주물러 주기도 하고, 지가 주물러 주기도 하고, 이렇게. "흰머리 100원 뭐…", "흰머리 하나 뽑으면 100원". 그때 [순범이가] 쪼끄마할 때는 침대가 되게 컸어요, 솔직히. 침대가 되게 크더라고… 우리 넷이 뒹굴어도 괜찮았어요. 지금은 안 되더라고(웃음).

면담자　　순범이가 너무 커가지고 이제 침대에 함께 뒹굴 수가 없게 되었군요?

순범 엄마　　아들이 기니까 침대 한쪽, 반쪽을 다 차지하더라고.

면담자　　제가 영상을 봤는데 순범이가 키가 굉장히 커 보이던데요, 한 180?

순범 엄마　　네 컸어요. 180 좀 넘었던 것 같애요. 그러더라고, 나보다 머리 하나가 이렇게 [더] 달렸으니까. 그때 당시, 그 나온 게 보면 182까지 나왔더라고요. 170몇에서 근데 걔가 180 넘었었어요.

면담자　　듬직하셨을 것 같아요.

순범 엄마　　마른 편인데… 마른 편인데 키는 되게 컸어요. 그래서 그때 마지막 겨울이고 동복을 안 입고 갔잖아요, 우리 아들이. 옷이 이만큼 뜨는 거예요, 하나밖에 안 입었는데. 그래서 "으메, 우리 아들 내년에 다시 교복을 사야 되겠네" 그랬단 말이야. 올해 다 갔는데 사기도 그렇잖아. 내년에 차라리 새거 사주지. 그래 가지고 이만큼이 올라갔어요, 거짓말 안 하고 팔뚝까지. 그래 가지고 "내년에는, 아들, 사자" 그렇게 얘기를 하고 바지는 하나 샀어요. 이게 1년 동안 엄청 커버린 거야.

면담자　　중2 때부터 크기 시작했다고 하셨는데 계속 컸네요?

순범 엄마　　응, 응, 계속 컸나 봐요. 1년, 그니까 1학년 때도 엄청 많이 큰 거예요. 옷이[교복을] 보통 보면 2학년 때까지는 거의 입더라고요, 옷을. 근데[그러다가] 거의 3학년 때 이렇게 조금 커서 그때 교체를 하잖아. 근데 [순범이는] 1학년 딱 1년도 안 입었잖아요.

면담자　　1년도 안 입었는데 그 정도로 큰 거네요.

순범 엄마　　이 정도… 이 정도 차이 나더라고, 작더라고. 일단 이렇게 입었는데 팔이 이만큼 올라갔어요, 이렇게. 그래 가지고 '내년에는 교복을 다시 사야 되겠구나' 그러구 있었고, 바지는 하나 바꿨고. 그런 상태였어. 이제 바지는 그거 입고 갔을 거예요, 새로 산 거. 키가 엄청, 지금까지 컸으면 엄청 컸을 거예요. 굉장히 크더라고요. 침대가 220이잖아요, 침대 길이가. 거의 거기까지 닿을라고. (면담자 : 끝에서 끝까지?) 에이, 그럴 정도는 아니고, 뻥이고(웃음). 암튼 이렇게 좀 길다는 거지. 거의 한 180 이상 됐지. "엄마, 180 넘었어" 그랬거든, 그때 당시에. 옷이 걔는 1년을 못 입어요, 1년을. 금방 크고 그래[서] 다 버려버린 거야, 예전에 입던 옷은.

면담자　　옷 같은 것도 순범이가 알아서 그냥 사 입었나요? 아니면 누나들이 챙겨줘서 입었나요?

순범 엄마　　누나들이 사주기도 하고 뭐.

면담자　　모델을 꿈꿨으면 왠지 특별한 자기만의 스타일 같은 것이 있었을 것 같은데요.

순범 엄마　　누나가 남방 사다 줘도 안 입고, 지 스타일 아니면 안 입어요. 그냥 다 처박아 놔.

면담자　　역시 좀 스타일이 있었던 편이었네요.

순범 엄마　　지금도 그 남방이 있어요. 누나들이 사다 줘갖고 한 번도 안 입은 남방이 있어, 지금도. (면담자 : 그런 게 여러 개 있나 보죠?) 많지는 않은데… 그니까 지 눈하고 누나 눈하고 맞춰야지 같이. 같이 맞춰서 사지.

면담자　　그럼 옷 사러 갈 때는 누나들하고 같이 갔나요?

순범 엄마　　같이 가든가, 아님 인터넷에서 보고 사갖고 맘에 안 들면 제껴놓고 안 입고. 그래 가지고 옷이 금방 작아져. 그래서 매번 다 버려. 그 여름 티 외에는 반팔 티 그거 외에는 거의….

면담자　　기장이 맞지가 않으니까 그랬겠죠.

순범 엄마　　안 맞아서, 그래서 누나들이 입고. 애들 요즘 애들[은] 같이 입잖아요. 누나들이 입기도 하고, 잠바 같은 거는 누나들하고 같이 입기도 [하고], 같이 사러 [가기도 하고], 지네들끼리 알아서 사대. 누나들이 사준 잠바가 지금도 있어, 중학교 때부터 입고. 그거 계속 입고 다니고, 또 누나들이 잘 사줘요. 왜냐면 철들면…, 또 이왕이면 좋은 거 사준다고 사주더라고. 즈그들 생일날 같은 때, 이런 때 즈그들이 돈 걷어가지고 지네 둘이서 돈 걷어가지고 사주고. 생일이 똑같잖아.

면담자 그렇죠. 20일이죠?

순범 엄마 예. 생일이 나하고 [순범이하고] 똑같으니까 돈이 곱배기로 들어가야 되잖아, 배로. 좀 있다가 들어가면 좀 괜찮은데. 그라고 매번 그랬어, 즈그들끼리 "엄마 좀 보탤래?" 그러면 보태줄 때는 있기도 해, 지네들이 정 이제 모자라면 좀 보태주고. 보태주면 되고 고렇게도 사주고. 나는 이쁜 거 고르지를 못 해, 애들 옷을. 그렇잖아 사람이 보는 눈도 있고 좀 다녀보기도 하고 이래야 [옷도 잘 고르죠].

면담자 그럼 따님들 옷도 쇼핑 같이 하면서 사주고 그러지 않으셨어요?

순범 엄마 거의 안 그래. 그래 갖구 내가 맘에 들어서 지나가다가 [보면] 이쁘잖아, 사주잖아? 잘 안 입어. 그래[서] 안 사부러 아예. 나는 이쁘다고 샀어요… 안 입더라고. 근데 처음으로 내가 저번날… 아, 그게 얼마 안 됐어. 이렇게 내가 노란색을 별로 좋아하지 않았거든요. 밝은 색을 제가 안 좋아해요, 어두운 색을 좋아하지. 근데 노란, 그 애들 잠옷이 바지 잠옷 윗도리 달린 게 있더라고. 그래서 사다 줬어요. 그거는 곧잘 입대? 그니까 얘네들도 취향이 바뀐 거예요(웃음). 노란색을 내가 사다 줬더니 입더라고.

면담자 따님들도 이제 노란색에 대한 선호도가 생긴 건가요?

순범 엄마 예. 좀 있긴 있나? 많이는 아니어도. 우리가 막 이런 거 하고 다니면 싫어해요. 잘 않더라고. 배지 같은 거 막 달고 다닐라면 [좋아하지 않더라구].

면담자 아까 전에 첫째 따님은 가만히 있는데 둘째 따님이 좀 싫어하신다고 그랬나요?

순범 엄마 왜 그냐면 남들한테 보이기가 싫은 거예요, 속으로 아파해야 되고. 남들이 지를 보는 시선이, 시선을 별로 안 좋아해. 그러니까 언니들, 누나들 와서 방송, 그때 생일 영상 찍고 그럴 때도 굉장히 어려워하더라고. 그리고 우리 큰딸은 카메라 공포증이 생겨 버렸더라고. 왜냐면 그때 당시에 거[거기] 갔을 때 많은 거짓보도들 이런 거 (면담자 : 아, 팽목에서요?) [거짓 보도]들에 엄청 상처를 많이 받았더라고. 나중에 얘기 조금 들어봤는데, 거기에서 이렇게 카메라만 보면 울렁증이 생기고 울렁증 때문에 막 토할 것 같대. 그래 갖고 그때 못 찍었거든. 그런 증상들이 있더라고. 그래서 말은, 그때 당시에 기록, 『약전』[『416 단원고 약전』]인가 할 때였구나. 그분은 아무 말 없이 그냥 핸드폰 갖다 놓고 녹음을 해버렸는데 영상은 못 찍었다니까. 그래 갖고 그분은 『약전』을 그렇게 썼더라고. 그런 상황이야, 지금도, 아직두. 아이들은 그 상처 속에서, 엄마들도 마찬가지지만 헤어나질 못하고 있다는 거지.

면담자 팽목에서의 일과 그 이후의 일들은 다음 구술에서 얘기를 더 할 수 있을 것 같고요. 이제 수학여행 가기 전 상황을 다시 정리를 해보고 싶은데 어머니는 순범이 고등학교 1학년 때부터 미용실을 운영하셔서 1년 쫌 넘으셨던 것 같고, 그때 큰누나는 집에서 같이 살면서 일하러 다닌 건가요?

순범 엄마 아니, 그때는 이제 부천에 있었고, 부천인가 그쪽에 따로 떨어져 있었고. 작은누나하고 같이 [살았죠]. 작은누나는 이제 안산에, 직장이 안산이어서. 선부동, 직장이 선부동이었어. 퇴근할 때 그 마트 가는 큰길[에]서 맨날 거기[서] 시장 봐가지고 오더라고, 아들 먹을 거를 꼭 사가지고 오고. "순범아, 무겁다" 그럼 잽싸게 나가, 버스 정류장이 바로니까. 가가지고 같이 오고, 마중 나오고. "무서워, 누나가" 그러면 잽싸게 잠바 입고 나가고.

면담자 누나 데리러 나가고.

순범 엄마 응, 그렇지.

면담자 사내네요(웃음).

순범 엄마 진짜 나는, 내가 볼 때는 이렇게 가시내들 속에 살아가지고, 이것도[순범이도] 가시나처럼 이렇게… (면담자 : 성격이?) 어, 성격이.

면담자 아, 걱정하셨어요, 그래서?

순범 엄마 어, 그랬는데 아니더라고요. [그게] 아니고 친구들과의 사이도 굉장히 괜찮고요. 음… 남자더라고, 머시매. 듬직한 머스마더라고. 참 누나들 다 챙기고, 막판에 한 번 간 적[이] 있다 노래방[에] 갔다. 우리 다 노래방을 갔어. 막판에, 지금도 있어, 그 영상이. 노래방을 갔는데 애들하고 나하고 맞아? 안 맞지.

(어린이가 구술 장소에 들어와 잠시 중단)

순범 엄마 끝내야 되겠네.

면담자 네(웃음). 오늘은 여기까지 해야 될 것 같아요.

순범 엄마 그러니까요, 끊겼어. 근데 나도 저기 해야겠다, 나도 정신이 없어 가지고 생각도 안 나고 이제 아들에 대해서 감[느낌], 솔직히 기억보다는 그냥 갑자기 순간순간의 그 목소리, 웃음소리, 이런 것들만 기억이 남는 거 [같아]. 그런 것들이 계속 이렇게 순간순간에 죽겠는 거야. 깔깔[대고], 막 컴퓨터 앞에서 깔깔대고 웃던 모습들 이런 것들이, 그런 것만 기억에 남는 거야. 못 해준 거 하고…….

면담자 그러면 오늘은 여기까지만 하시고 다음에 이어서 진행하는 걸로 할게요.

2회차

2015년 12월 24일

1 시작 인사말

2 근황

3 사건 소식을 듣고서 둘째 딸과 함께 진도로

4 팽목항의 상황과 구조에 대한 기대와 실망

5 국내 언론에 대한 실망과 무관심

6 더디고 무성의한 수색 작업에 대한 분노와 항의

7 261번째로 만났던 아들, 그리고 장례

8 동생을 떠나보낸 딸들의 힘겨움과 이사

9 유가족 사찰의 경험과 외부 시선 기피

10 더디게 흐른 시간과 팽목 주변에 대한 기억

1
시작 인사말

면담자　　본 구술증언은 4·16 사건에 대한 참여자들의 경험과 기억을 기록으로 남김으로써 이후 진상 규명 및 역사 기술에 기여하고자 합니다. 지금부터 최지영 씨의 증언을 시작하겠습니다. 오늘은 2015년 12월 24일이며, 장소는 안산시 단원구 정부합동분향소 내 불교방입니다. 면담자는 이봉규이며, 촬영자는 김향수입니다.

2
근황

면담자　　구술을 진행하기 전에 이번 20일이 어머님과 순범이 생일이셨잖아요.

순범 엄마　　(웃으며) 20일 날.

면담자　　어떻게 지내셨는지요?

순범 엄마　　이번에는 조용히 지내려고 가족, 애들하고만 조용히 하려고 했었는데, [순범이] 친구들이 아쉬워했던 모양이더라고. 그래서 내가 그날까지도 말을 안 했거든, 애들한테도. 그런데 나머지 애들은 이제 약속이 어떻게 될지 몰라서 안 됐고, 세 명만 왔더라고. 그래서 같이 하늘공원 갔다가 상 차려주고 그러고 왔어. 밥 먹여서 보내고. 난 이제 또 일정이 있어 가지고. 그냥(웃음) 거기 갔어. 저기

서울에 〈나쁜 나라〉 간담회[가] 있어 가지고 바로 넘어갔어.

면담자　　어머니 생신은요?

순범 엄마　　제 생일(웃음)?

면담자　　아들 생일만 챙기시면 어떡해요.

순범 엄마　　생일이 있나요? 선물받았어요, 케이크도 받고. 우리 딸내미가 양말도 사 오고 또 티도 사 오고 이랬대. "추우니까 그 속에 얇은, 따뜻하게 입으라"고 사 왔더라고. 그래서 감사히 입고. 또 서울에 간담회 갔는데 그 사회자님이 그걸[생일을] 공개를 해버렸네. 가[그래] 갖고 나올 때 케이크를 이렇게 사가지고, 저는 또 거기서 받았고. 이제 임영호 기사님 있잖아? 그분이 아침 10시에 여기 들러서 같이 촛불 켜고, 그러고 집에 가서 애들하고 같이 또 하늘공원 갔다가, 그렇게…. 그리고 우린 생일이 없어요. 생일이 별로 생각하고 싶지 않은데 어쩔 수 없이 아들하고 같이 맞물리다 보니까 그냥 같이 축하를 많이 받았어요. (웃으며) 쑥스러워, 그런 얘기하면. 나는 "엄마들 생일은 챙기지 말라"[고] 그래요. 어차피 우리 생일은, 아들 생일이 엄마 생일이라고 생각을 하기 때문에… 그러고 보냈어요, 잘(웃음).

3
사건 소식을 듣고서 둘째 딸과 함께 진도로

면담자　　잘하셨네요. 지난 구술 때는 이전 얘기들, 수학여행 떠나기 전까지 얘기를 중심으로 이야기했었고, 오늘은 이제 그날 얘기를 하려고 하는데요. 소식은 어떻게 접하셨는지요?

순범 엄마 소식은… 아침에… 16일 아침에 출근하는 도중에, 아침에 TV 볼 시간이 없으니까 뉴스 볼 시간도 없고, 평소대로 아침 9시에 출근하는데 친구가[친구한테서] 전화가 왔어.

면담자 저번에 1차 구술 때 말씀해 주셨던 그 친구분이시죠?

순범 엄마 그런가? 예. 연락이 와서, 가게 앞에쯤 갔는데, 신호 하나만 받으면 이제 가는 가겐데, 그 친구한테[서] 이제 [사고에 대해] 연락받고, 가서 텔레비전을 켜보고, 아… 켜보니까 이미 [배가] 이렇게 넘어갔더라고. 그래서[그런데] "애들 다 전원 구출했다"[고] 해서…. 그래도 이제 내가 막 안절부절하니까 친구가 [나를] 학교를[로] 데리고 가서, 학교에서[도] 똑같이 전원 구출했[다고 했]고, 또 한편으로 강당에 갔는데 우리 6반은 다 구했다는 거예요. 그래서 그 친구랑 언니랑 부둥켜안고 "다행이다, 다행이다" 이러면서 딸한테 옷을 챙겨 오라고 하고, 그래 가지고 그 친구가 우리 차, 버스 타는 데까지 [와서] 먹을 거 사서 이렇게 싸주더라고. 그래서 내려갔어요. 내려갔는데, 내려가면서부터 벌써 차웅이 나오고…. 그래서 또 불안했지, 사실은. 불안했고.

면담자 진도로 내려가실 때에는 모두 구조가 된 걸로 알고 내려가신 건가요?

순범 엄마 응. 전원 구출[했다고] 했으니까. 인제 춥잖아, 물에 빠

졌을 거 아니야? 그러니까 옷을 다 챙겨갖고 간 거지. 내려간 거지.

면담자 버스 타고 가셨다고요?

순범 엄마 버스를 타고 가는데, 중요한 건 이 버스가 [사람을] 태우고 바로 출발을 시켜야 되는데 안 시키고, 그때는 어딘지도 몰라. 그냥 차가 다 모여서 함께 내려갔던 것 같애. 그래 가지고 시간이 한참 지체[됐어요]. 12시에 출발 한다고 했는데, 내가 세 번째 칸인가 탔을 거야, 세 번째 차, 버스를. 근데 이게 바로 내려가지 않고 어딘가에 다 모여 있다가 같이, 이렇게 내려갔던 것 같애.

면담자 누가 이렇게 부모님들을 모으던가요?

순범 엄마 그런 건 잘 모르겠고, 그땐 제정신이 아니라서 잘 모르겠고.

면담자 차량이 다 모일 때.

순범 엄마 응. 차가 다 함께 내려갔던 것 같애, 쪼옥. 그러다가 어디쯤, 어디여? 목폰가, 목포쯤 갔나? 가는데 이제 그 시청 직원들이 그냥 쏙쏙[소근소근] 하면서 "차웅이 부모님 여기 안 계시냐"고 이렇게 물어보는 거예요. [차웅이 부모님이] 탔더라고, 그 차에. 그러면서 이제 우리 딸하고 같이 갔으니까, 우리 딸이 말은 안 해줘. 거기선 쉬쉬하고 말은 안 해주고, 정확한 말은 안 해주는 거야. 긍게 우리 딸이 인터넷 들어가 보니 거기서 '차웅이…' [희생되었다는 소식이] 그렇게 나온 거예요, 첫 번째로. 그[러]면서 설마 설마 아니길 바라면서 내려갔지. 내려가서 이렇게 명단을 보니까 아무리 찾아도 없는 거야, 애들이. 그래 갖고 우리는 그냥 "팽목으로 내려간다"고, "애들한테 가까이, [애들] 있는 곳으로 가겠다"고. 그래 가[지고] 팽목으로 내려간 거고.

면담자 그럼 내려간 당일에 팽목으로 가신 거네요?

순범 엄마 응, 그날. 그날 명단 찾다 찾다 없어서 우왕좌왕 막 정신들이 다 없는 상태라서…. 그래도 이제 팽목으로 가겠다고. 그래서 갔는데, 잘 생각은 안 나. 난 뭔 정신으로 갔는지를 모르겠어. 갔는데 아무것도 없더라고, 아무것도 없고, 그냥…. 우왕좌왕하는 상태고, 그날은 이제 너무 늦었잖아. 늦었는데도 우리가 배를 타고.

(다른 유가족이 방문하여 잠시 중단)

순범 엄마 그래 가지고 우왕좌왕 일부는 뭐 배를 돈 주고 사가지고 들어가고, 또 일부는 뭐 해경 배, "해경 배가 20명밖에 못 탄다"고 그러더라고. 그래 가지고 가니, 못 가니 하다가, 큰 배 빌려, "빨리 큰 배를 가지고 와라" 그래 가지고 큰 배 타고…. 나는 잘, 진짜 솔직히 정신이 하나도 없어 가지고 그 배 타고 들어갔던 거. 그래서 보이지도 않았어, 그때. 요만큼밖에 안 나오고, 파란 위의 부분. 배를 처음 타봐 가지고(웃음). 난 제정신이 아니었어. 그 이후로는 그 박스, 그날은 거기 뭐가 되어 있는 게 아니기 때문에 그냥 박스 깔고 하룻밤을 자고. 그다음 날 이제 비가 보슬보슬 와가지고, 천막 하나 위에만 이렇게 쳐진 거 있잖아, 밑에는 뻥 뚫린 거. 고거에서 하룻밤, 이틀 밤인가 잤을걸, 아마? 그냥 앉아서 의자에서. 생각이…. 그러면서 시간이 흐르고 싸우고.

면담자 내려가셨을 때는 둘째 따님이랑 같이 내려가셨던 거죠?

순범 엄마 네. 우리 둘째 딸이랑요.

면담자 그때 첫째 딸은 일하고 있었을 테고요.

순범 엄마 네.

면담자 첫째 따님한테서 연락은 바로 왔었나요?

순범 엄마 이제 전화가 왔지. 당일에 "다 전원 구출 했다" 하니까 "엄마[가] 빨리 내려가서 데려오겠다"고 하고 내려온 거지. 그리고 그 다음 날 이제 전화를 한 거, 인제 내려온 거지.

면담자 혼자서 내려왔던가요?

순범 엄마 예. 내려와서 거기서 한 2주 정도 있다가 도저히 버티다가 버티다 못 버티니까 이제 올라가고, 작은딸도 이제 올라가고. 이제 오랜 시간이 걸렸잖아? 한 2주 정도 있었나 봐, 우리 딸들이. 나는 거의, 그러면서 이제 한 이틀 지나니까 천막이 쳐지고… 이렇게 쳐지더라고. 모르겠어, 난 [새로 친] 천막을[천막에] 들어가지를 잘 않아가지고, 그 자리에서 내가 처음, 그때 갔던 그 자리, 그 천막에서 거의 그쪽에서만 내가 생활을 해가지고 다른 거는 잘 모르겠어, 거의.

면담자 처음에 천막을 쳐서 들어가셨던 데 거기서만 계셨다는 말씀이시죠?

순범 엄마 네, 그 천막에서. 그게 거의 한 몇, 일주일도 넘어서 이게[천막이] 밑에가 쳐지고, 이렇게 [천막의 옆이 가려지도록] 쳐진 거지. 그 전에는 그냥 껍데기만 있었고. 거의 그랬던 것 같애. 거기서만 거의 생활했고, 그 가족, 나중에 가족 대기실이, 이렇게 천막만 쳐진 데가 한쪽에 있었어. 거기서 난로 하나 이렇게 켜놓고, 거기서 애들 나오면 인적 사항들이 이렇게 붙여지고, 거기서 계속 기다렸지. 거의 21일을 거기까지[그때까지] 거기서 기다리고. 그리고 [나서] 이쪽 첫 번에[처음에 친] 천막이 이제 밑에가 다 쳐지고, 우리 같이 있던 사람들이 다 빠져나가고, 마지막에 내가 혼자 남아서 거기를 정리를 하고 왔다….

면담자 내려가실 때는 둘째 따님하고 같이 가셨고, 어머님은 그때 정신이 좀 없었다고 말씀하셨잖아요? 둘째 따님은 어땠던 것 같아요?

순범 엄마 걔도 이제 불안하지. 계속 인터넷을 보고 "어떡해, 어떡해, 엄마" [그러는 거야]. 차웅이 [소식이] 나와서 나한테 살짝 얘기하는 거야. "엄마, 차웅이 이렇게 됐어. 어떻게 해 이제" 그러면서 말들을 별로 안 하잖아. 거기서 말할 그런, 그런 건 없어서 같이 손 꼭 붙잡고 이렇게 내려갔지. 그러면서 그런[인터넷으로 알게 된] 부분만 살짝살짝 얘기를 하고. 그런다고 막 이렇게 얘기할 수 없잖아, 귀에다 대고 살짝. 근데 불안해지지, 당연히 그 순간이. 그 가는 시간이 얼마나 길었겠어?

면담자 다른 부모님들도 말씀을 크게 하지는 않으셨나요?

순범 엄마 아니, 거의 소곤소곤. 차웅이 나올 때도 소곤소곤….

그리고 우리가 타는 세 번째 차는 TV도 안 나왔어. 상황을 볼 수 있는 상황이 아니야. 응, TV도 안 나오고 그냥 묵묵히 갈 수밖에 없는 상황. TV라도 보고 있으면 어떻게 진행이 되[고 있는지 알 텐데]. 봐 다 지금, 지금에 와서 보면 다 거짓 방송했잖아. 근데 그때 당시에[는] 그것도 없으니까 답답하더라고. 애기가[둘째 딸이] 이제 인터넷으로 계속 확인하고 또 확인하고, 얘는 그렇게 하고 가고, 나는 그냥 옆에서 있고. 그리고 누굴 알아? 모르잖어, 하나도.

면담자　　다른 부모님들은 서로 모르시니까요.

순범 엄마　　모르지, 그때 당시에는. 그때 당시에는 누구 엄만 줄도 모르고, 나는 그 당시에 우리 반 명단만 가지고 있었어.

면담자　　명단은 학교에서 주던가요?

순범 엄마　　모르겠어, 어떻게 받았는데… 명단을 이렇게 받았어. 애들[이] 교실[에 앉는 순서대로 적혀 있는] 명단 있잖아. 1분단, 2분단 이렇게 쭉 애들이 이렇게 있잖아. 그 이름을 쫙 보고 그 명단을 가지고, 애들 이름을 그때 알은 거지, 하나하나.

4
팽목항의 상황과 구조에 대한 기대와 실망

순범 엄마　　그때 당시에는 별의별 일들이 다 있었어. "엄마, 순범이 살아 있대". 며칠 지났는데, 그때 당시에는 그니까 나오는 애들보다, 그때는 '우리 애가, 아이가 아니었음 좋겠다' 이런 마음으로 솔직히 기대를 했잖아요. '살아 있을 거야. 살아 있을 거야. 살아 있을 거'라고. 근데 어느 시점이, 한 3일 지나니까 그때는 이제… 어차피 마음은 이제 좀 비운 거지. 비우면서도 그게 마음이 비워지나? 살아 있을 거라고만 생각을 하지. 그러면서 애들이 슬슬 나오기 시작을 했지. 하면서[아이들이 나오게 되면서] '빨리 나왔으면 좋겠다'는 생각도 하게 되고, 그러면서 시간이 자꾸 가니까(한숨) 불안해지더라고, '안 나오면 어떡하지', 이렇…게. 그냥 맨날 기도했지. 내가 지금도 그러잖아, '하나님 있냐?'라고. 매일 밤마다 가서, 바닷가[에] 가서 기도하고 울고… 해도 안 되잖아, 하나님 없다고 생각하는데. 매일 그렇게 하루하루가 너무… 너무 길었어. 나는 몇 개월 지난 줄 알았어. 몇 개월 지난 것처럼 굉장히 힘들어서….

싸움도 많이 해보고 소리도 많이 질러보고…. 정말 희한한 나라에 희한한 사람들이었어. 왜냐면 우리가 가만히 있으면 애들이 안 나와요. 그리고 난리를 가서 치고, 소리를 치고… "지금 뭐 하냐"고 물어보면 그다음 날 좀 한, 둘 이렇게 나오고……(한숨). 아이고, 그걸 말로 어떻게 표현을 해. 정말 힘들었어. 너무 힘들어서, 처음에는 우리 애들, 그 종이때기 하나, 이렇게 언제 일을 하는지도 모르는 상황이었고. 무슨 시간에 일을 하는지도 몰랐고. 그런 상황에서 어느 정도, 며칠 지나서 거의 한 일주일 다 됐나? 그때부터 이제 무전기를, 저희하고 이제 교신할 수 있는 [무전기를 확보했어요]. "아, 지금 이 작업을 하고 있구나. 누가 몇 명이 나오는구나. 이런 거를 알 수 있게 무전기를 해줘라" 그래서 연결해 주고…. 그면서 이제 가족 대기실

[이] 생기면서 천막도 쳐지고…. 이렇게 되면서 이제 시간대별로, 그 자리를 떠날 수가 없는 게 뭐냐면, 작업 시간이 있잖아? 작업 시간에 어떤 놈이 어떻게 올라올지 알아? 그러니까 그 자리에서 항상 지키고 있었던 것 같애. 거의 제정신으로 지키지는 않았겠지만, 기도하면서 매일 그 자리에서.

근데 희한하게 우리 아들 인상착의는 하나도 없더라구, 하나도. 애가 260번까지가 우리 아들 비슷한 애가 하나두 [안 나왔어]. 그래서 한번, 처음에만, 애들 처음에 나왔을 때 그때가 며칠인지 기억도 안 나는데 17일인가 그 정도 됐을 거야, 19일인가? 처음 나왔을 거야. 그때 세 명 나왔을 때, 거기에 우리 반 장환이가 하나 있어 갖고 이렇게 봤는데 난 처음 봤어요. 그런 모습을 태어나서도 한 번도 안 봤기 때문에. 아버지 돌아가셨을 때도 사실 못 봤거든? 근데 처음 봤어요. 내가 기절을 해버렸어. 그다음은 모르겠는데. 그리고 한 번도 우리 아들하고 비슷한 애들이 하나도 없었어. 그리고 우리 6반이 제일 늦게 나왔고. 일찍 나온 애들은 일찍 나왔는데, 우리 반이 대체적으로 거의 200번 넘어서 애들이 하나씩 하나씩 나왔고, 우리 아들은 261번째.

면담자 대통령이 "다 구하겠다"고 얘기했을 때, 당시에는 어떤 느낌이셨는지 궁금해요.

순범 엄마 지금 와서 생각해 보면, 우리가 지금도 얘기를 하지만 정말로 해줄 줄 알았어. 그때 와서 말한, 우리 바로 이렇게 앞에서 얘기를 했잖아. 체육관하고는 또 다르잖아. 체육관은 좀 멀 수도 있고, 바로 앞에서 이야기를 했는데… 그때 "왜 안 구하냐"고, "뭐 하냐"[고] 막 소리를 지르고 했는데, 분명히 "다 한 명도 빠짐없이 구하[겠다], 데려오겠다"고 얘기를 했고, 또 여지없이 자기가 한 말이 있잖아요? 근데 설마 안 해줄 거라고는 생각 안 했지, 당연히 해줄 거라고 생각을 했고. 이런 거를 전혀 모른 거지. 그때 알았더라면 가만 안 뒀을 것 같아요. 우리 바로 앞이었잖아? 앞에 있었잖아. 지금, 그때로 다시 간다면 그냥 안 놔뒀을 것 같애. 뭔 일을 저질러도 저질렀을 것 같은데(한숨). 엄청 소리 지르고 했는데 해줄 줄 알았지, 안 해줄 지 알았나, 이렇게까지 할 줄 알았나. 그래도 아무리 언론을[이] 오보, 오보를 냈더라도 대통령이 와서, 근데 그때도 일을 안 했잖아요, 일을 안 했거든. 그리고 그다음 저녁, 오후엔가 애들이 나왔던가? 내가 다 체크를 해놨었는데, 나는 그 자리에 앉아서 애들이 오늘 몇 명 올라오고 몇 명 올라오는 거까지 다 체크를 했었는데.

면담자 어디에 따로 메모를 해두신 거예요?

순범 엄마 어. 그런 게 이제 사실 내 핸드폰에, 내가 그때 애들 몇 번째 나오고 그 명단 다 찍어놨었는데, 순간에 어떻게 잘못해 가지고 이게 날아가 버렸는데… 다. 그나마 그런 것마저도(한숨). 당연히 해줄 줄 알았지, 대통령이 왔는데 안 해주겠어요? 당연히 해줄 줄 알았지.

면담자 그런 기대감도 있으셨겠네요.

순범 엄마 있었죠, 당연히. 근데 이렇게까지 나 몰라라 할지 나는…….

면담자 처음에 내려가시고 지내시는 동안에 정부에서 케어를 해준다거나? (순범 엄마 : 그런 거는 전혀 없었고 없었던 거…) 뭐 특별히 느껴지시지는 않으셨나요?

순범 엄마 없었던 거 같아요. 그냥 모든 청장이나 뭐시기나 다 그냥 "최선을 다하겠습니다". "최선을 다하겠다"는 말만 아주 수없이 들었던 것 같애. 응, 뭘 어떻게, 어떻게 어떻게 해서 아이들을 데려오겠다는 그런 저기는[설명은] 없고, 그냥 "최선을 다하겠습니다" 그 말만 정말 수없이 들었던 것 같애. 지금도 그 소리는 듣기 싫어요.

면담자 "최선을 다하겠다"는 말이요?

순범 엄마 응. 그 말을 듣는 순간 화가 막 나.

면담자 처음 그때 들으셨을 때부터?

순범 엄마 응. 너무 많이 들어가지고. 그래서 "느그들은 왜 최선을 다하겠다고 그런 말만 하냐? 어떻게 어떻게 계획이 없냐? 어? 대책도 안 세우고 니네들은, 지금 최선을 다하겠다고만 하냐?" 뭐 이런 말들을 많이 했던 것 같애. 거의 그랬으니 거의… 우리가 붙들고, 진짜 바짓가랑이 잡고 데려다가 앉혀놓고 얘기를 해도, 뭐 특별한 [이야기나] 우리를 시원하게 해주는 대답은 전혀 없었어. 그냥 "최선을 다하겠다, 한 명도 빠짐없이 구하겠다". 내가 오죽하면 그런 소리도 했어. "한 명이라도 안 데리고 오면 어떡할 거냐?"고.

면담자 아, 직접 물으셨어요?

순범 엄마 어. 그[러]면서 "물속에 들어갈 거냐"고, "한 명이라도 안 구해오면 안 데리고 오면". 그런 말도 하고. 긍께 그때 당시에는 별말을 다 했지. 근데 지금 와서 이렇게, 이렇게 대화, 얘기를 하라 하니까 생각이 잘 안 나(웃음). 참 어려운 얘기야.

면담자 처음 가셔서 지내셨을 때는 따님이랑 같이 계셨던 건데요. (순범 엄마 : 거의 따로 있었어, 나는) 따님과도 따로 있으셨어요?

순범 엄마 애들은 저기 천막 속에 가 있고 나는 거의 밖에 있었다 그랬잖어. 밖에 의자에서 자고 의자에서 생활을 했는데.

면담자 아예 안에 안 들어가시고요?

순범 엄마 아예 거의. [그래서 다른 부모들이] 순범 엄마를 잘 모른 거지. 그 안에 순범이 누나들은 있는데 그 안에서 애들 이름은 부르잖아. [사람들이 순범이 엄마가 누군지] 모를 정도로 내가 안에를 별로 안 들어갔어. 한 번씩 가서 살짝 갔다가 애들 보고. 애들이 찾아왔지, 나를.

면담자 그러니까 왜 안 들어가셨나요?

순범 엄마 들어가기 싫었어. 그 안에 있음 맘이 안 편해. 편하지가 않아서 항상 대기, 그 언제 애들이 나올지 모르기 때문에 그 앞에서 마냥 기다렸던 것 같애. 거기서 자고. 그랬더니 어떤 분이 내가 이렇게 의자에서 담요[를] 이렇게 두르고 있으니까, 돌 같이 생긴 그거를 여기다 대고 있으라고 갖다주신 분도 있고. 거의 그냥 앉아 멍하니 있었던 것밖엔…. 싸울 때 싸우고, 그니까 소리 지르고 싸울 때는 가서 한바탕하고 오고, 그리고 그 자리 앉아 있고 기다리고.

5
국내 언론에 대한 실망과 무관심

면담자 "누가 와서 뭐 기자회견 한단다. 뭐 보고한단다" 이런 얘기는 밖에 계셨어도 아실 수가 있었네요?

순범 엄마 그런 것도 들어오기는 하지. 근데 우리가 다 차단을 해버렸지. 우리는 거의 기자들[과 하는 인터뷰 같은 것은] 거의… 안 했어. 하면 내보내지도 않을 거 뭐 하러 하냐? 하게 되면 외국방송 이런 데다 이렇게 하고 거의 안 했어. 다 차단시켜.

면담자 처음부터 그렇게 신뢰를 안 하시진 않았던 거잖아요? (순범 엄마 : 않았지) 국내 언론을 못 믿겠다고 느끼셨던 게 언제부터였나요?

순범 엄마 그다음 날[17일] TV가 그때 없었어요. TV가 없었는데 방송에 계속 똑같은 방송을 막 내보내고 그러는 거야. 며칠, 이틀이 지나서도 그런 거. TV 볼 시간이, 제가 없잖아? 근데 그런 상황이었고, 기자들은 엄청나게 많이 왔잖아. 기자는 엄청 나오는데 방송은 거의, 그거 하나 해놨다가, 이렇게 녹화해 놨다가 그걸 계속 틀어주나? 별로 달갑지 않았었고…. 거기에 기자들이 [하는] 행동거지가 이렇게 보면, 그 바다 근처에 가서 촬영하는 게 아니더라고. 그냥 이런 차… (면담자 : 중계차요?) 탑차 위에 올라가서 이렇게 중계를 하고 이러더라고요. 그런 모습을 내가 많이 봤거든. 그래서 별로 그 진실되[게 느껴지]지가 않았던 것 같애.

면담자 　아, 중계차 위에 올라가서….

순범 엄마 　응. 위에 올라가서, 거기서 이렇게 (면담자 : 찍는 모습이) 보이잖아. 기자들이 바닷가 보이게 방송하고 하는데, 우리는 실질적으로 평소에는 '아, 진짜 저기가 바닷가[에서] 이렇게 촬영하나 보다, 거기서 직접 보내나 보다' 이렇게 생각하잖아. 근데 배는 타지도 않고, 그 탑차 위에 올라가면 바다잖아, 이렇게 사진 찍어놓으면. 그런 식으로 촬영을 하고 그러데. 그런 거를 몇 번 봤거든. 그래 가지고 너무 황당했어. '하… 저렇게 방송을… 방송도 저렇게도 하는구나'. 저기 직접 가서 이렇게 하지 않고. (면담자 : 그냥 눈속임하는구나, 대강) 그런 거를 많이 봤어. 그래 가지고 별로 뭐 신임, 믿음이 가지 않았어.

면담자 　그때 손석희나 이런 분들은 이제 내려가서도 뉴스 진행도 했었고요.

순범 엄마 　응, 거의 체육관으로 많이 갔겠지.

면담자 　네. 근데 상대적으로 신뢰가 가는 언론이 있고 그렇지 않은 언론이 있고 그러셨나요?

순범 엄마 　그때 당시에는 몰랐어, 전혀. 그렇잖아 우리가 평소에, 우리가 평소에 거의 [공중파] 3사만 보잖아, 거의. 어쩌다 한 번씩 보지만. 거의 집에서는 3사만 보게 되는데, 다른 방송은 잘 모르지, 정확하게 있는 것도 모르지. 인터넷 방송도 있을 거고, 굉장히 그때 방송사가 저리 많은[많다는] 거 많이 알았지. 굉장히 많더만. 그냥 우리는 거의 이렇게 차단하고 살았으니까, 방송 쪽하고는. 그냥 뭐 뵈는 게 오로지 애밖에 안보이지, 아무것도 안 보였어, 솔직히.

면담자 참, 따님은 천막 안에서 어떻게 지냈는지 나중에 한번 물어보신 적 있으세요?

순범 엄마 그냥 거기서 뭐… 있었겠지. 나는 잘 몰라(웃음). 나는 솔직히 우리 딸이 거기에 있[었]다는, 그 천막에 있[었]다는 것만 생각나. 거기서 기다리고 있던 것.

면담자 거의 지내는 건 다 바닷가에 계셨기 때문에.

순범 엄마 응. 저는 밖에 있어서 거의 잘 모르겠어. 나는 천막을 [천막에] 한 번씩은 들어갔지, 거의 한 번 하루에 한 번씩은. 잠깐 딸내미하고 잠깐 앉아서 얘기도 하다가, 무슨 얘기를 한지는 기억도 안 나. 무슨 얘기를 했는지 이런 거는 잘 기억이 안 나.

6
더디고 무성의한 수색 작업에 대한 분노와 항의

면담자 아까 무전기를 일주일쯤 지난 후에 설치했다는 얘기를 해주셨는데, 무전기를 설치하게 된 과정과 왜 해달라고 요구하셨는지 말씀해 주시겠어요? 또 사실 한 일주일, 열흘 지나서 아이를 찾아가신 분들은 그 이후에 현지에서 어떤 일이 일어났는지 잘 모르는데요, 어머니는 특히 팽목에 계속 계셨으니까 그 이후에 어떤 요구를 했고, 그 요구를 받아줬는지 아니면 어떻게 반응하고 대처했는지 말씀해 주세요.

순범 엄마 그때 그니까 우리가 해경청을 들어갔을 거예요. 그 해경청을 우리가 부모들이 올라갔다가, 그 청장 있잖아요, 청장, 그 비쩍 마른 사람. 그분이, 그분하고 그 누구지? 청장이 아니고 그 위에가 또 누구예요? 이름이 생각이 안 나네. (면담자 : 해수부 장관?) 해수부 장관. 해수부 장관이랑 이제 대화를 나누고, "5시에 여기 팽목에 오겠다"라고 얘기를 했어요. 하고 이제 우리는 내려오는 과정이었고, 그분들이 이쪽, 청장이 좀 일찍 온 거야. 5시에 오기로 했는데 한 4시인가 올라왔던 모양이야.

그래 가지고 이제 그 엄마들 있잖아, 건우 엄마랑 몇 명[이] 있었어. 근데 그 성빈 언니랑, 지금 생각하니까 성빈 언니더라고, 엄마들이 이제 딱 붙잡은 거예요. 이거를 쇼부, 어떻게 해결을 해야 되잖아, 애들도 안 나오고 그러니까. 붙잡아 놓고, 근데 이리 피하고 저리 피하고 도망갈라고 그러고, 보좌관들이 엄마들 팔도 치고 막 그렇게 싸움[을] 해가지고도, 엄마들이잖아. 아빠들은 막 패불고 이렇게 하는데, 엄마들은 다 붙들고 허리춤 잡고 일단 청장부터 잡았어. 잡아가지고 끌고 나와가지고 한참 만에 막 물병 던지고, 그 소란 속에서도 안 놓치고 잡고, 바짓가랑이 잡고. 이 허리춤 잡으면 못 가, 못 도망가잖아. 엄마들이 몇 명이 모여가지고 거기서 막. (면담자 : 어머니도 같이?) 저는 이제 뒤늦게 왔잖아, 이미 시작이 되어 있는 상태고. 내가 뒤에 갔다[가], 올라갔다가 내려오는 도중에 [보니까], 그 사람이 일찍 와가지고 그런 사달이 일어나는 도중에, 제가 이제 와가지고 가보니까 그게 난리가 났더라고(웃음).

그래 가지고 그 경호원들이 엄마들을 때리고 이러는 거야. 그래 가지고 화가 나잖아. 그니까 모자 쓰고 있던 걸로 대가리 치고 이러니까, 대가리 치고 머리를 막 쳤어요. 그랬더니 아휴, 막 나를 때려요. 어어, 그래 가지고 "그래", 막 대놓고 그랬지, "니 새끼 죽어봐라, 그럼". 막 하니까 물러나더라고. 거기 별의별 사람 다 있었어. 그래 가지고 문이 이쪽 문이[문으로] 저쪽 문으로 도망가고, 이래가지고 어떻게든 이쪽으로 다시 도망가 가지고, 잡아가지고 기어이 끌고 나왔어. "다 나와라. 장관도 나오고 다 데리고 와라".

그래 가지고 다 거기다 앉혀놓고, 엄마들이 계속 얘기, 건의를 했지. "어떻게 우리가 볼 수 있게 만들어줘라". 응? "무전기도 해주고, 그 배에서 어떻게 작업을 하고 있는지를 보이게 알려주라"고. 그렇게 해가지고 요구 조건을 다 그렇게[명확하게 요구]해서 그게 무전기가 오고, 같이 무전기[를] 듣고 있는 거야, 계속. [잠수사] 몇 명이 지금 들어갔고 몇 명이 나오고. 들어가고 나오고 이거를 여기서 다 들을 수 있게. 항상 거기 있어야 돼, 그러니까.

[잠수사가] 네 번, 하루에 네 번 들어가는데, 네 번도 다 못 들어갈 때가 있어. 바람이 세든가 뭐… 여기는 잔잔한데 바닷속이 뭐 작업할 조건이 안 되면 못 들어가고 이런 상황. 그 전에는 그냥 다 이름만 이렇게 썼어. 칠판에다 놓고 이름을 다 쓰고 그랬는데, 그러고 나서는 이제 바로 연결이 되잖아. 바로 인상착의 붙여놓고, 그것도 꽤 한참 이따가 한 거 같애. 한 일주일, 내가 생각할 때는 거의 한 일주일 정도 된 거 같애. 몰라, 우리는 시간이, 시간개념이 없어요. 시간 개념이

없다….

면담자 시간은 어머니, 그냥 생각나시는 대로만 얘기하시면 되고, 나중에 다른 분들 얘기를 다 합치면 전체가 나오니까 그냥 생각나시는 대로 다 얘기하시면 됩니다.

순범 엄마 그때 인제 내가 진짜 그거 다 찍어놨었는데 날아가 버려가지고, 그 순간에. 많은 시간 동안에 그걸 다 받아, 저기[저장] 해가지고. 그게[무전기가] 설치가 됨으로써 우리가 지금 저기 '일을[수색 작업을] 하고 있구나', 아니면 '[잠수사들이] 들어가고 있구나', 뭐 이런 거를 그때부터 알게 된 거지.

면담자 어머니들이 모여서 요구하셨을 때, 어머니께서 특별히 요구하고 싶으셨던 게 또 있거나 하진 않으셨어요?

순범 엄마 근데 이제 애들이 이상하게 또 밤에만 나오고…. 그리고 조용하면 안 나오고 좀 그런 상황. 나는, 우리 아들이 안쪽에 있었어요, 침대칸 쪽에. 안쪽에 있었던 우리 애들 방이 (손으로 그려가며) 이렇게 있는데, 내가 진짜 막 부글부글하고 진짜 화를 진짜 많이 낸 게 요때였어. 애들 방을 하나, 둘, 셋… 다섯 개 방이 있어요. 다섯 개 방이 있는데 그, 네 번째는 아예 들어가지도 못하는 그런 상태였고, 그다음에 첫 번째, 두 번째, 세 번째… 다섯 번째 이렇게.

첫 번째는 방에[이] 우리 아들이 있던 방이었고, 두 번째 이제 우리 반 애들이 일곱 명, 여덟 명 이렇게 들어가 있는 상태였고요. 우리 아들은 첫 번째 방이더라구. 근데 거기서 딱 일반인 한 명이 나왔어. 한 명이 나오고 두 번째 방에서 두 명 나오고 그다음에… 거의 한 요렇게 합해가지고 한 네 명 정돈가 이렇게 나온 상태였는데 계속 들어간다고. 근데 이렇게 여기만 들어가는 게 아니고 A, B, C, D [구역을 정해서] 이렇게 들어가거든. 근데 이제 우리 아들[이 있던] 거기[방에] 들어간 그때 시점이었고 다른 데서도 들어가니까, 그 상태에서 내가 에너지를… 뭐라고 하냐면, 기분 진짜 나쁘고 화가 치밀었던 게 뭐냐면 "1차 한 번씩 다 들어갔다" 이거야. 한 번씩 들어갔으니 1차 마감, "갔더니 없었다" 이거지. "마감을 하겠다, 그리고 다른 데를 이제 가겠다" 뭐 그런 식으로 얘기를 하는 거야. 그래서 내가 그날 브리핑 때. "지금 무슨 소리하는 거냐, 지금 여기 4번 방 들어가지도 않구, 지금 여기 몇 번째 들어간다 하는데 계속 미루고 안 들어가지 않았냐?" 그렇게 막 따지면서 "들어가라, 여기 무조건". 내가 욕도 많이 먹었어, 지네 반만 얘기한다고, 그 뒤에서 욕도 많이 먹었는데…….

그래 가지고 내가 이날 막 따지고 그 사람들한테 "안 들어가는 이유가 뭐냐? 1차 마감이라는 게 니네 지금 말이 되냐. 애들이 지금 안 나오고 있는데 1차 마감이라는 그런 말 자체를 하지 말았어야지, 니네들이 왜 하냐" [그랬어]. 그러니까 뭐 "죄송하다"고 지네들 변명을 하죠. 하는데 진짜 참아도, 참아도 화가 복받치는 거예요. 그래서 내가 사실은 소주를, 소주, 먹지도 못하는 소주를 한잔 먹고, 내가 그 상황실을 가가지고 다 뒤집어 엎어버렸어. 성질나니까 "니네들 안 구하면, 안 들어가면, 니네들 함부로 1차 마감이라는 이런, 그런 말 따위나 해쌌고, 왜 안 들어가냐고, 도대체". 그러면서 그날 내가 좀 무리를 했어.

무리를 했는데 그다음 날 얼마나 많이 나온 줄 아세요, 그다음 날? 13명. 그 방에서 막 나온 거예요. 이 방에 7, 8명[이 들어가는] 방인데, 거기에서 13명, 12명 이렇게 나온 거예요. 그래 가지고 근데 우리 반이 거기서[거기에] 몇 명 없었어. 다른 여기 큰 방 있잖아요, 50명 들어가는 그 다인실이라고 하는, 거기 있는 애들이 물이 차니까 들어온 것 같어. 다 들어가서 있었던 것 같애. 그러니까 거기서 우루루 다 나오고. 만약에 우리 애는 아직 안 나왔어도, 만약에 얘네들이 거기를 1차 마감하고 딴 데를 갔더라면 애들이 그만큼 빨리 나올 수 있었을까요? 그래 가지고 그날 한 30명 정도 나왔을 거예요. 그런데 7, 8반, 7반 애들이잖아. 그 엄마들이 나한테 "고맙다"고 그랬어. 그 반 애들이 많이 나왔거든. (면담자 : 많이 나와서) 응. "고맙다"고 그랬다니까.

면담자 근데 1차 마감한다고 그래서 마감하지 말라고 이의를 제기하셨을 때 뒤에서 욕을 많이 들었다고 하셨잖아요?

순범 엄마 응. 니네 반; 자기 반만 그렇게, 그렇잖아? 그때 심정에, 그냥 다 하고 있었으니까 내가 얘기를 할 수 있었던 거지. 여기 안 하고 여기도 안 하고 여기도 안 하고 여기만 했으면 내가 또 못 하지. 근데 여기도 하고 있고, 여기도 하고 다 팀이 있잖아. A팀, B팀, C팀, D팀이 지금 다 있잖아. 그런 상황이라서 내가 [요구를] 했던 거야. 그리고 내가 배[의] 그 구조만 막 보고 있다가 여기서 몇 명 나오고 여기 이렇게 내가 체크를 하고 있었는데, 여기를 계속 "들어갈게, 들어갈 거예요" 해놓고 한 번을 안 들어가는 거야. 그러면 당연히 머리까지 힘들지, 막 화가 나지. 그래서 그랬던 부분이었어. 그래 가지고 거기서 그때 당시에 한 30명 이상 나왔을 거야, 그날, 그다음 날. 그리고 이제 그때 쫙 빠지니까 애들이 팍 줄었잖아.

그래 이제 불안해지잖아, 우리 애들이 안 나오니까. 우리 반도 그날, 그날은 모르겠어요, 우리 반이 몇 명 나왔는지 잘 모르겠어. 하두 우루루 다 나오고, 그때 한 30명이 우루루 나오니까 잘 기억은 안 나는데, 그렇게 해서 많이 나왔어요. 그리고 인제 우리 애들이 별로 안 남아 있는 상태에서 우리 반 애들이 월요일 날 조금 몇 명 나오고(한숨) 그리고 이제 남은 애들이 우리 반[학교]에서는 남은 애들이 40, 총 한 40명 정도 남아 있었을 때, 얼마나 불안했겠어. 막 가슴 조이고 이런 상태.

7
261번째로 만났던 아들, 그리고 장례

순범 엄마 그래서 내가 월요일 아침에 일어나는데 왠지 우리 아들을 만날 것 같더라고. 그렇게 만날 것 같은 그 기분…. 그때 당시에는 이제 우리 가족들이 다 이렇게 내려와 있는 상태였고 이모도 와 있고 사촌 이모도 와 있고 동생도 반 내려와 있는 상탠데, 그날 아침에 내가 "언니 좀 씻으러 가자. 나 우리 아들 만날 것 같다". 그래서 내가 인제 언니랑 가서 씻고 왔어. 와가지고 기다렸는데 안 오더라구…. 안 와서 그때가 5시, 5시인가 이렇게 됐을 때였나 봐요. 언니들이 지금 한 번 또 새벽에 한 번 있고, 그 시간에 한 번 있는데 이거 "한 번만 보고 가겠다"고 그래서 그러라고, 나는 옆에 있는 것도 싫으니까 누가 와 있는 것도 싫고. 그래서 그러라 하고 나는 밖에서 계속 기다리고 있는데… 그래도 안 나와.

한 7시? 7시 될 때까지도 안 나오니까, 우리 반[에] 건계하고 나하고 현철이하고 영인이하고 이렇게 남아 있는 상태였어요. 건계[엄마]가, 우리 반 나오고, 건계가 "언니, 한번 또 소리 좀 지르고 오지?" 이러는 거야. 그래서…(한숨) 내가 가서 그랬지. "지금 작업은 하고 있는 거예요? 애 지금 한 명도 안 나와요?" 그르니까 무전기로, 걔네들은 형식은 잘 지켜. 무전기로 "지금 작업하고 있냐, 어디 들어갔냐" 그러더라고. 그래서 이제 좀 한바탕하고, 뭐라고 했는지는 잘 모르지만[기억이 안 나지만] 한바탕하고. (면담자 : 그때도 얼으신 거예요?) 얼진 않았어. 막 조잘조잘하고 왔어요. 그 시간이 작업 시간이니까 왔어. 근데 이제 7시에 브리핑 시간이고 그런데, 브리핑하기 전에 그러고 딱 왔는데요. 희한하게요, 애가 나왔어요. 내가 우리 앤지는 모르지만 261번이 딱 나오더라고요. 그리고 조금 이따가 바로 어, 262번이 나왔어요, 딱 두 명이. 근데 얘는 명찰을 달고 나와서 알았고, 얘는 몰라요. 근데요, 진짜 희한한 거 있어요. 제가요, 거기에서 눈을 못 띠[떼]었어요.

면담자 261번 애에게요.

순범 엄마 네. 그것이 한 20분 정도 걸려요, 인상착의가 이쪽으로 넘어오기까지가. 브리핑을 하는데 다른 때는 거기[브리핑]에 집중하고 거기 따지고 막 이렇게 할 건데 (면담자 : "뭘 왜 안 해주냐" 이런 걸 따지셨을 텐데) 응, 따질 건데. 근데 자꾸 이쪽에 눈이, [종이가] 붙었나 안 붙었나 눈이 자꾸 가지는 거야. 그래서 딱 붙은 거예요, 종이가 딱. 딱 붙어서 내가 이렇게 이러고 쳐다봤어. 내 눈 시력이 좋지는 않거든요. 이렇게 브리핑하다가 쳐다봤어. 근데 뭔가 보여졌어, 나한테. 우리 아들이 입은 옷이거든요. 그 그림이 딱 보였어요.

면담자 뭐 상의에요?

순범 엄마 기린 이렇게, 속에 티인데 기린 마크, 이게 보이는 거예요. 그래서 발딱 일어났지 나도 모르게, 발딱 일어나서 이렇게 보니까, 기린 마크 그리고 녹색 이렇게 써 있고. 이거, 이거는 정말 우리 아들이… 키를 이제 다 보고 하니까 우리 아들이에요. 그래서 그래도 또 혹시 확실하게 해야 하잖아. 사진을 찍어서 우리 작은딸한테 보냈어요. 그랬더니 그때는 이제 우리 작은딸이 없었어. 너무 힘드니까 올라갔어, 애들은 다.

면담자 2주 있다가 올라갔다 그러셨죠?

순범 엄마 응. 저만 [남았어요]. 아, 2주 아니라 한 일주일. 내가 느낄 때는 한 그 정도 된 것 같은데, 사실상 한 일주일 정도 있었던 것 같애. 이렇게 21일이니까 일주일 좀 넘어서 간 것 같애. 보냈더니 "엄마, 순범이 맞아요" 그래서, 가족들한테 "순범이 나왔다" 이렇게 하고. 또 확인하려면 한 2시간 반을 기다려야 돼. 그래 가지고 그때 9시 반인가? 갔어요. 오면은 들어왔다고 [연락] 오니까, 갔어요. 그래 가지고…(울음) 그래서 그 사진을 그분한테 이렇게 보여줬어. 인상착의를 얘기하지 않고 그냥 사진을…. "이 옷이 맞냐?"라고 물어보니까 맞다고 그러더라고요. 그래서 바로 들어갔어. 절차가 또 있어요, 근데 저는 절차 없이 그거[사진]만 보고 갔어.

가서 있는데 사진으로 영상, 이렇게 화면으로 이렇게 보여줘요. 이제 다리부터 보여주더라고, 다리부터. 우리 아들[이] 다리가 되게 길거든. 다리부터 이렇게 보여주는데 우리 아들이 진짜 맞는 거예요. 엄마니까 알잖아, 그치. 그래서 보여주는데, 우리 아들이 후드 지퍼, 이렇게 후드 티를 입고 갔어. 그리고 속에다가 그 옷을 입고 갔고. 그래서 이렇게 오는데 바지도 안 입은 거야. 다리…, 바지도 안 입었더라고 애기가. 바지도 날아갔나 봐. 다리부터 이렇게 보여주는데, 내가 사실은 이 옷 올리면서 내가 옷 그것까지밖에 못 본 거야…. 그런데[그리고] 정신을 좀 잃었었어(침묵).

그냥 그렇게 해서 찾았어. 그래서 그래도 감사하게 지, 지가 어린이인지는 아나 봐. 어린이날 저녁에 나왔어. 그래서 우리 가족들도 다 보고 가서, 아침까지 또 기다려야 되니까, 저기 DNA 검사를 또 해야 되니까 아침에 준비 다 해놓고 있었지. 그러고 이따가 DNA가 11신가? 이렇게 나왔어요. 그래 가지고…….

면담자 5월 6일 11시네요, 그렇죠?

순범 엄마 응. 그래 가지고(한숨) 나는 바로 갈지는 모르고 그냥 일단 왔어. 와가지곤 예식 아니 장례식장이 또 없어 가지고, 남들이 "고대병원이 좋다" 그래서 고대병원 갈라고 했는데 또 이틀을 기다려야 된대. 그래 가지고 "애기를 이틀 동안 어떻게 놔두냐"고, 그래서 그냥 제일장례식장으로 해가지고 올라왔는데…….

면담자 안산으로 올라올 때는 어떻게 오셨어요? 같이 올라오신 거예요?

순범 엄마 헬기 타고, 헬기 타고. 근데 내가 [고소]공포증이 좀 있어 가지고 이런 거를 못 타. 높은 데도 못 올라가고 그러는데.

면담자 원래 고소공포증이 있으셨어요?

순범 엄마 원래도. 원래도 그런데 사고 났는데 더 심해지지. 그래 갖고 내가 아들이 옆에 있는데도 어떻게 하지를 못 해가지고, 만져보지도 못하고 그냥 헬기 타고 눈 감고 왔어. 그리고 솔직히 나는 지금도 원망스러운 게 '우리 아들[을] 왜 못 봤을까'. 그때도 이렇게 애기를 이렇게 뭘 덮어놨는데 내가 볼라고, 애긴데 어떠냐고 보면 [어떠냐고 했는데] 또 마지막[으로라도] 보고 싶었는데 못 봤어. 안 보여줘 가지고. 다 나를[내가] 기절할까 봐. 그래 가지고 결국에는 못 보고, 제일장례식장에서 이렇게 다 싸여 있는 모습만 이렇게 만져본 게 난 지금도 너무 억울해. 왜 내가 미친년처럼……. 정신을 똑바로 차리고 꼭 봤어야 되는데, 지금도 한이 되더라고. 갈 때도, 수학여행 갈 때도 안아주지도 못했는데 보낼 때도 안아주지도 못하고……. (혀를 차며) 되게 지금도 그래. 지금도 제일 아픈 게 그런 거 같애……(흐느끼며 침묵). 애가 안 올라왔는데……. 정말 안 울[려고 했는데].

면담자 손수건 쓰세요. (순범 엄마 : 아유…) 보지는 못하셨지만, 보는 거는 주위에서 말리셨다고 하셨잖아요. 대신 만져보긴 하셨다고.

순범 엄마 만져보지도 못했어. 그 마지막 가는 날 다 쌌을 때만 봤던 [것] 같애. 나 고소하고 싶어, 제일장례식장도.

면담자 안 보여줘서요? (순범 엄마 : 응) 안 보여준, 보지 말라고 하셨던 분들이 왜 그렇게 얘기하셨는지?

순범 엄마 그건 우리 동생들이 그랬고, 언니들이 그랬고…. 그니까 안 좋았던 거죠. 안 좋았던 거지, 내 상태가.

면담자 몇 번 보겠다고 하셨는데도 못 보게 말리시던 건가요?

순범 엄마 제일장례식장에선 나한테 얘기도 않고 우리 동생이 어떻게 해버린 것 같애. 막 성질나더라고. 그거는 그때라도 좀 한 번만이라도… 만져보게 해줬으면 얼마나 좋았을까. 나중에 두고두고 생각이 난다는데 지금 후회하는 게 그거야, 후회. 내가 두고두고 마음이 아퍼. 이래도 아프고 저래도 아픈데, 그냥 보고 아프지, 보고. 보기라도 했으면 어차피 같은 아픔이니까, 그랬으면 내가 이렇게 한이 되지는 않았을까도 생각을 해보는데, 모르겠어요. 볼 자신도 없지만, 지금도 볼 수는 있대요. 사진에 남아 있는 건데, 그건 자신이 없고……. 별다르게 뭐 할 얘기가… 그러네.

면담자 그럼 장례 치를 때 당연히 누나들은 다 와 있었을 거고, 아버님도 오지 않으셨을까 싶어서요.

순범 엄마 솔직히 얘기하면 제가 이혼했잖아요. 안 왔죠, 그분은. 몰랐고…. 이 사실조차도 몰랐으니까. 몇 개월 지나서 알았으니까.

면담자 아예 일부러 말씀을 안 드리셨던 건가요?

순범 엄마　아니요. 연락처를 몰랐고. 어차피 내 새낀데… 연락하면 왔겠지. 근데 연락처도 몰랐고, 우리는 10년 넘게 안 보고 살았으니까. 애기가 학교 어디 가는지도[다니는지도] 모르고. 지금 고등학생[이] 된 거는 알았겠지, 나이가 있으니까. 그래서 그냥… 나 혼자 보냈어요, 누나들하고.

8
동생을 떠나보낸 딸들의 힘겨움과 이사

면담자　따님들은 어머님만큼 팽목에 오래 있지는 못하고 안산으로 올라왔었잖아요. 그러고 나서 나중에 장례 치를 때 다시 만나셨나요?

순범 엄마　미칠라고 그러더라고, 애들도. 그래서 내가 "올라가라" 그래 가지고 올라갔지. "그게 낫겠다, 내가 혼자 기다리겠다" 그래 가지고. 근데 누나들이 더 힘들어 나보다, 말은 하지 않아도. 왜냐면 어렸을 때부터 같이 뒹굴고 씻기고 먹이고, 이런 것들을 누나들이 했잖아.

면담자　둘째 따님이 그런 것에 대해서 얘기하지 않으려고 한다고 하셨죠.

순범 엄마　애기 얘기를 하면 맨날 울기 때문에 얘기를 잘 안 꺼내. 지금은 한 달에 한두 번 만나는데 내가 바쁘고, 그런데 혼자 울기도 하고, 애 얘기하면 지 혼자 살짝 가갖고…. 내 앞에선 안 우는데 방에 들어가 가지고 문 잠그고 있고…. 이제 그런 일들이 자주 생기더라고, 이렇게 누나들이.

면담자 장례 치르고 나서 일인 거죠? (순범 엄마 : 나서도 그렇고) 그 당시에도?

순범 엄마 그 당시에는 거의 울고 살다시피 했지. 내가 또, 나도 정신[이] 온전하진 않았으니까. 정말 그때 당시에는 살고 싶은 생각이 하나도 없었어. 집에 가면 애기가 왔다 갔다 하던 그런 모습이 막 밟히고. 애들이 결국에는 "그 집에서 못 살겠다"고 그러더라고. "애기 생각나서 밥도 못 먹겠다"고. 그래서 매번[매일] 그때는 [순범이를] 하늘[로] 이렇게 보내놓고는 거의 집안이 침묵이지 침묵. 말을 않고 살지.

면담자 장례를 치를 때 누나들은 20대 중반이잖아요. 사실 가족의 죽음을 받아들이기 힘든 나이, 물론 죽음을 받아들이는 게 나이에 따른 건 아니지만요.

순범 엄마 나도 애기를, 언제 큰딸의 애기를 들었냐면요. 그때 『약전』[『416단원고약전』] 할 땐가? 많은 얘기를 안 하니깐 잘 모르는데…. 그 『약전』 할 때 카메라를 들이대니까, 『약전』하고 생일 영상(촬영자 : 씨네송이) 하고 같이 하는데, 애가 울렁증이 있어 가지고 카메라를 보면서 오바이트를 하고 이러더라구요. 그래서 카메라를 끄고 그냥 편안하게 대화를 시작했어요. 『약전』 선생님은 핸드폰 녹음을 하고, 얘기하는데 몇 시간을 하는 거예요. 이렇게 처음 팽목항에 있었던 얘기서부터 구구절절하게 하더라고. 그때 그렇게 말 오래도록 하는 거 처음 봤어요. 뭔 말 한지[했는지] 기억도 난 안 나는데. 그때 [팽목항에] 있을 때부터 방송, 카메라, 이렇게 방송사들은 이 얘기, 그때 당시에 뭐, "애기가 살았네", "어디에 살아 있네", 그런 [얘기를] 구구절절[하게] 얘기를 하는 거 보니까… 그때 처음으로 들었다….

그러고 우리 작은딸도 이런 거[영상 찍고 이야기하는 것]를 굉장히 어려워하더라고. 전에 애들[한테] 그 금돌이[세월호 유가족 육성기록 『금요일엔 돌아오렴』]를 하라고, 내가 "이렇게 했으면 좋겠다, 이게 오래오래 남는 거기 때문에 해봐라" 그랬더니, 『약전』 할 때 자기가 한 말을 제대로 안 써서 "생각 좀 해봐야 되겠다"고 하더라고. 자기네들은 하고 싶은 말이 되게 많은데, [책에는] 그대로 안 올리고 뭐 이런 부분들 때문에 많이 또 상처를 받은 거 같더라고. 그래서 사실상 엄마하고, 저하고 딸하고는 만나면 "엄마, 잘 있었어?" 이 정도 얘기, "밥 잘 챙겨 먹어" 이런 얘기 정도밖에 안 해. 애들끼리[애들하고] 얘기는 거의 못 해요. 하면 또 문 잠그고 들어가니까 얘기를 잘 안 해.

면담자 일부러 안 하기도 하시는 거네요.

순범 엄마 예, 일부러 안 해. 그냥 "오늘 순범이 생일이야. 그러니까 와. 올 거지?" 이렇게. 오면 가서 상 차리고, 그리고 와서 이제 각자, 또 나는 나 볼일 보러 가고 그러다 보니까 [서로] 얘기할 그런 자리를 거의 안 만든다고 보면……. [딸들이랑은] 애기 얘기는 되도록 안 하고 나 혼자 와서, 애기 방에 가서 애기랑 얘기하고, 걔네들하곤 얘기를 그냥…….

면담자 장례 치를 때도 그럼 따님들한테 뭐 특별히 더 해주거나 그러진 않으셨군요.

순범 엄마　　특별하게, 그게 안 되더라고.

면담자　　그럴 여유가 안 생기셔서.

순범 엄마　　여유가 없었고, 그러고 바로 내가 며칠 있다가 분향소 나오면서 그때부터 움직이기 시작했고. 내가 늦게 나왔으니까, 늦게 분향소를 나왔잖아요. 모르지, 사람들이 잘 모르는 상태였고. 한 3일인가 집에 있다가 도저히 참을 수가 없어서 나왔어, 분향소를[로] 나오고.

면담자　　그때 3일 동안 집에 계시면서 따님들이랑 따로 이렇게 얘길 하시거나…….

순범 엄마　　아니, 거의 울음. 울면서 생활을 했던 것 같아. 거의 얘를 봐도 울고 재를 봐도 울고, 그냥 가만히 있어도 울고. 그냥 문 잠가놓고 있고 막 이랬[어].

면담자　　아, 어머니도요?

순범 엄마　　예, 저도. 죽을라고도 했고 사실은… 저도 그랬어요. 제가… 제가 죽을려고, 살고 싶지가 않아 가지고… 그렇게도 해봤고. 그러다가 내가 밖으로 나와버리고 애들은 애들대로 있고 그러면서(한숨) 제가 청운동에 있을 때 우리 작은딸이 조용히 얘기를 하더라고요. "엄마, 여기서는 도저히 밥도 먹을 수가 없고 아무것도 할 수가 없다"라고. 그래서 이제 "이사를 했음 좋겠다"[는] 얘기가 나와서 "방은 니가 알아봐라" [그랬죠]. 내가 뭐 그런 거 할, 솔직히 저기가[상황이] 아니니까. 그렇게 해서 이사를 했고, 그리고 또 어느 순간에, 애들이 안산에[서] 직장을 다니다 보니까 오다가다 친구들도 만나고 이러다가 또 힘든갑더라고. 그러니 [딸들이] 일을 그만 두게 되고 일을 못 하더라고요. 그래서 [일을] 못 하고 계속 집에 있다가 한 두 달됐나요? 두 달 정도 된 거 같애, 직장. 서울로 하나는 가고. 하나는 시화로. 안산을 떠나버린 거지(침묵).

9
유가족 사찰의 경험과 외부 시선 기피

순범 엄마 그냥 그러고 살고 있어. 각자의, 나는 요 일만 하고 있고 우리 애들은 각자. 나한테 하는 말이 "그냥 적당히 좀 하면 안 되냐"[고 그러]네. "너무 무리하지 말고 하라"고. 근데 무리하고 말[고 할] 게 뭐 있어, 우리가. 지금은 언제까지 시간이 걸릴지 모르지만 한 게 뭐 있다고. 한 게 아무것도 없잖아.

아니면 애들 진짜 따뜻한 곳 한곳에 모아주지도 못하고, 같이 있게 해주지도 못하고, 응? 뭘 했다고…. 학교도, 학교 문제도…. 애들은 애들대로 다 각각이 따로따로 그러고 있지. 저희가 마음이 편하겠어요? 애들이라도 이렇게 모아서 같이 해주면 얼마나 좋을까. 우리가 지금 바라는 거는 또 그거예요. 이게 또 몇 년이 걸릴지도 모르니까 불안한 거지, 사실은. 그거라도 해놓으면, 애들이라도 좀 마음 편하게 해주고 싶은데……. (한숨) 내 그때는 정말 할 말도 많았고, 지금 생각해도 그때는 진짜 싸움도 잘했고…. 화나면 화풀이도, 얘기도 하고 이랬는데, 지금은 오히려 이렇게 할 말을 [하는 것이] 더 안 돼.

안 해지더라고.

면담자 팽목에 계셨을 때나 장례 치르는 과정을 겪으시면서 언론들에 대해서는 상당히 불신하게 되셨다고 하셨고요. 그런데 혹시 무언가 유가족분들이 행동하는 것에 대해서 관찰당한다거나 이런 느낌을 받으신 적이 있으신가요?

순범 엄마 그런 것도 많이 있죠. 누군가 뒤에서 지켜보고 있는 거 같기도 하고.

면담자 그런 것 중에서 기억나는 것 있으시면 얘기해 주시겠어요?

순범 엄마 기억은 특별하게 안 나는데…. 우리 이렇게 다니면, 항상 다니면, 청운동에서나 광화문에서나 팽목에서나 따라다니는 사람은 있어.

면담자 팽목에 계실 때도 벌써 따라다닌다는 걸 아셨었어요?

순범 엄마 네. 있어, 많았어요. 그냥 사복 입으니까 잘 모르는데 이렇게 보이는 사람 많았어요, 주위에. 그때는 엄청 많았지. 엄청 많았고 광화문에 있어도 그렇고. 저기 중대 서 있어 이렇게. 안 보이는 것 같아도 다 무전기 같은 거 하나씩 들고….

면담자 팽목에서 그런 일을 처음 겪으신 거잖아요?

순범 엄마 처음이죠.

면담자 그때 그 사람들한테 가셔가지고 왜 그러냐고 따지거나 그러시진 않으셨구요?

순범 엄마　그런 사람들이… 그런 적도 있죠. 우리 미행하는 미행, 버스로도 미행하면서 차로도 미행하는…. 있었잖아, 우리 버스가 움직일 때 차가 따라오기도 하고. 그래 가지고 "어디 소속이냐?" 이렇게 앉혀놓고 한 적도 많잖아, 분향소에서도 하고. 그런 부분도 없지 않아 있지. 아빠들이, 그런 거는 아빠들이 막 데려다 놓고 족치고.

면담자　그래서 잘 알려지지는 않았지만 어머니께서 직접 겪으신 일이 있나 해서요.

순범 엄마　"도대체 어디서 나왔냐"고 그러면 그 사람들 도망가고 막 이랬던 적도 많아. 우리가 직접은 거의 않았고[안했고] 같이, 하나가 잡으면[잡히면] 계속 부모들이 모여[서] 하고 그랬지. 거의 우리가 이렇게 청운동에 있을 때도 이렇게 하면 뒤에서 졸졸 따라오잖아. 그러면 걔네 무시하고 다니잖아, 우리는. 어차피 그 사람들은 자기[들이] 우리를 지키기 위해서 따라다닌다고 하는데 할 말이 없잖아, 그죠? 우리를 보호하기 위해서 한대요. 왜냐면 우리가 또 저기 할까 봐 보호 차원에서 그러고 따라다닌다는데 뭐. 사과도 받고 다 해봤어, 왜 따라오냐고. 보호 차원에서 따라다닌다잖아. 우리가 뭐 싸우[길 해], 뭘 하기를 해, 뭘.

우리는 그냥 조용[히]… 애들 기다려. 팽목에서 얘네만 기다리고 있을 뿐이고. 그게 웅기 언니가 하는 말이 그러더라고. 체육관에, 거기는 체육관에 있잖아요, 우리는 팽목에 있고. 체육관에서는 체육관 안에 있기 때문에 금방 눈에 들어와요. 체육관 안에 있잖아. 어떤 엄마[여자]는 과자 먹고 다니면서 그러고[사찰하고] 다니고, 응? 핸드폰 갖다 이렇게 싸악 다 넣어놓는 여자도 있고. (면담자 : 여자가 있었어요?) 응, 여자도 있고. 그게 우리가 눈치 안 채게 하려고 그들은 수단과 방법을 가리지 않고 이렇게 배치를 해놨겠지만, 어느 시점에는 그게 보인다는 거죠, 우리도 그냥. 이렇게 핸드폰 갖다 이렇게… 우리[를] 위로해 주지, 처음에는 와서 이렇게 하고.

면담자　　어머님도 직접 겪으신?

순범 엄마　　저는 그런 거는 없었어요, 저는.

면담자　　어머님은 팽목에 계속 나가 계셨기 때문에, 항구에.

순범 엄마　　어, 천막 안에 들어가 보면 그러한 경향이 좀 있지.

면담자　　밖에 있으셔서 그런 걸 겪진 않으셨네요.

순범 엄마　　그런 거는 덜 겪었는데, 이렇게 안에 있잖아요. 안에 있으면 약간 저기 한[맘에 걸리는] 사람들이 와서 앉아서 잠깐 이렇게 듣고 가고, 이런 사람들이 있어요.

면담자　　아까 도면 얘기를 해주셨는데 도면은 어떻게 구하셨어요?

순범 엄마　　도면은 그때 당시에 [어땠는지] 생각은 안 나는데 집에 있더라고? 내가 엊그저께 찾았는데. 아이 도면이래, 명단하고 뭐가 있더라고. 그것이 그건지 자세히… 지금 보니까 좀 있는 것 같애. 근데 나는 거의, 거기서 저렇게 복사를 해서 줘요. 배 구조를 이렇게….

면담자 팽목에 계실 때 해경에서 줬던 건가요?

순범 엄마 누군가 그거 복사를 해서 줬어요. 나 그때, 했을[받았을] 때 누가 줬는지 잘 기억은 안 나는데, 이렇게 배의 3층 도면을 하나씩 줬어요. 그래서 그걸 보면서 인제 배 구조를 조금씩 알았던 거지. 처음 배가 어떻게 생긴지도 사실 모르잖아요, 우리가 타봤자 유람선 정도밖에 더 타요? [유람선만] 타봤잖아. 근데 그런 배는 처음 봐가지고, 구조가 이렇게, 이렇게 굉장히…. 그것도 내 사진 속에도 있는데, 그걸 보면서 내가 그거[도면]하고, 명단하고 이렇게 우리 반 명단하고, 다른 반은 모르니까. 이건 항상 내가 쥐고 있었어. 들고, 손에 항상 연필하고 들고 있었던 거 같애. 누가 해준지는 잘 모르겠네. 그 정도로 내가 기억을 할 수 있다면… 근데 진짜 지금은 기억이 잘 안 나. 이 속에는 별거 다 있는데 그걸 말로 어떻게 조목조목 얘기가 잘 안 나와.

면담자 지금 너무 잘해주고 있습니다.

순범 엄마 많은 일들이 있었어. 아이구… 나 진짜 어떨 때는, 그냥 안 되면 술이라도 한잔 먹고 가서 깽판도 피워본 적도 있고. 그건 나의 그… 내가 원래 성격이 어디 가서 막 이렇게 하는 성격이 아니라서 좀 용기를 내야 돼. 이렇게 소리를 지르려면 좀 용기를 내야 되는 부분이 있어서(웃음). 그때는 그럴 정신도 없지만. 그때는 술이 어딨어, 그냥 다 빈턴데…. 술 먹을 기력도 없잖아. 맨날 그냥 울고 짜고, 저 천막 뒤에 가서. 이런 데서[보이는 데서] 울면 사진 찍으니까. 밖에서는 사진 찍어, 우리도[가] 울어도 있잖아요, 천막 뒤로 밤

새 가서 거[천막 뒤에] 가[서] 울고, 이렇게 밖에서 울면 바로 사진 찍혀.

면담자 그것도요?

순범 엄마 응. 그런 것을 우리가 많이 봐왔잖아. 그러니까 되도록이면 한쪽 구탱이 안 보이는 데 가서 울고.

면담자 어머님도 울컥울컥하실 때는 구석에 가서 주로 우셨어요?

순범 엄마 응. 이렇게 바다를 보면서……. 바다를 이렇게 보고 있으면 내가 있잖아 막 빨려 들어가요.

면담자 가만히 보고 있으면.

순범 엄마 응. 이렇게 보고 있고 바다를 보면서 기도를 하고 울고……. 한바탕 울고 나면, 또 바다를 가만히 이렇게 쳐다보잖아? 그럼 내가 이렇게 쫘악 빨려 들어가는 것 같어, 그 바닷속으로. 이렇게 잔잔한데…. 어떤 때는 파도가 막 세고 그[러]면 애들이 어떻게 될까 봐 불안하고. 잔잔히… 막 빨려 들어. 빠지고 싶더라니까, 난 그거를 많이 [느꼈어요]. 빠지고 싶어. 가고 싶고.

면담자 순범이 기다리시면서….

순범 엄마 응. 그 기다리는 시간이.

면담자 그런 생각이 여러 번 드셨었어요?

순범 엄마 많이. 많이 그랬지. 내가 앉아 있다가 거기서도 울고 그러면 또 찍히고 뭐 하고 이런 것들이 싫으니까. 거의… 그 바닥에서 울고 있는 엄마들도 있겠지만 거의 포장 뒤로 해가지고 가서 울고, 바다 쳐다보고…. 어디 멍청하게 서 있어도 찍히잖아. 그런 거를 항상 우린 피해서 다니는 거지. 처음에는 제정신이 아니니까 그냥 울지만 어느 정도 시간이 가니까 그런 것도 이제 싫은 거야. 그게 주위에 가도…, 많잖아. 봐, 다 물이잖아. 그냥 쳐다보고 있어. 1시간이고 2시간이고.

면담자 그냥 카메라에 찍히는 게, 남한테 드러나는 거 자체가 싫으셨던 걸까요? 안 그러면 이미 왜 언론이 한번 싫어져서 그러셨던 걸까요?

순범 엄마 응, 그렇지. 그런 것도 있고, 찍히는 것도 싫고. 그냥… 뭔, 뭔 저기 했다고 애도 없는데 뭐가 저기허다고 찍히고 그래. 힘들 것 같애. 힘들어, 힘들게 버텼어. 어떻게 버틴 지는 잘 모르겠는데….

10
더디게 흐른 시간과 팽목 주변에 대한 기억

순범 엄마 그냥 내가 나중에, 나중에 계산을 해보니까 21일밖에 안 됐더라고. 그 시간이 왜 그렇게 길었는지……. 엄청 길었어(한숨). 남들의 하루가, 하루가 한 일주일씩 지나간 것 같았어. 그러니 내가 하룬지 이틀인지 기억을 잘 못 하지. 언제, 그날 첫날 16일 날하고 하루 이틀 지나면 한 일주일이 지나가 버린 것 같고. 그래[서] 난 몇 달 있은 줄 알았어, 몇 달 걸린 줄 알았어. 나중에 나오기까지가 몇 달

걸린 줄 알았어. 근데 사실은 한 달. 근데 이렇게 길어질 줄 몰랐지. 우리 애들이 지금까지 이렇게 길게 못 나올 줄은 몰랐지(한숨).

나는 동거차도 가서도 그랬어. 기도했어. 이제 우리 아들[은] 나왔어. 나왔는데 나는 [나오지 못한] 애들이 어디로 갈까 봐, 나는 그게 제일 걱정이야. 그래서 나는 어디로 가지 말고 선생님이랑 손 꼭 붙잡고 있어달라고. 이제는 좀 가만히 있어주라고 거기 자리에 그렇게 기도를 해요, 매번. 항상. 선생님한테 가서도 애들 손 꼬옥 붙잡고 그 자리에 꼭 있어달라고, 그냥 있을 거라고 생각해요. 그 우리 아들도 나오기 전에 스님이 그랬어요. 애가 못 나오고 있을 때, "왜 못 나오냐?"고, "언제 나오겠냐?"고 물어봤지, 물어봤어. 그랬더니 "못 나가요, 못 나가요" 그랬다는 거예요. 그게 사실인지 아닌지는 모르지만.

근데 우리 애들 같은 경우는 침대방이잖아요. 우리 아들은 이쪽, 이렇게 이렇게 나눠져 있으면 이쪽이 6반이고 여기가 5반인 거예요(손으로 책상에 그려가며) 같은 저기에…. 그리고 이쪽에 나머지가 또 있고 이렇게 있는데, 우리 아들은 이쪽 5반에 두 번째 방에서 나온 거예요. 이렇게 애들이 여기 있다 그랬잖아. 이렇게 있는데 여기 두 번째 방에서 나온 거야. 애들이 어디에 있는지를 모르는 거야. 근데 내가 생각할 때는 뭐에 눌려서, 눌려서, 이제 옷만 걸려도 못 나오잖아. 이때부터인 거 같은데 스님이 그래도 그때쯤 우리 아들이 나올 때쯤, 손만 이렇게 내밀고 내밀었다는 거예요. 손이[만] 이렇게 내밀고 못 나간다고 얼굴은 안 보여주고. 얼굴이 다친 거 같대요. 그래서 손 이렇게 보여주고 나온 거예요. 그 스님 말이 그래, 손만 이렇게 겨우겨우 내밀더래요, 손만. 그 전에는 "못 나가요"만 하는데 나중에 며칠, 그때쯤에 손만 이렇게 내밀고 얼굴은 보여주지 않더래요. 그래 가지고 나온 거라고 그래(웃음), 스님 말은. 그게 진짠지 사실인지 모르겠지만, 그러더라고.

그래도 어쨌든 저쨌든 뭐 우리 아들이 나왔으니…. 안 그랬으면 내가 또 어떻게 지금까지 살았겠어. 우리 반에 영인이, 현철이가 있잖아요. 전화는 하는데, 그 마음은 오죽하겠어. 미안하지, 전화도 그래서 잘 안 해. 그냥 한 번씩 안부 전화. "괜찮니?" 괜찮을 리가 있겠어요? 그냥 목소리 듣고 끊고 이렇게밖에 할 수가 없어, 우리가 할 수 있는 게. 그리고 그냥 내가 꼭 제발 선생님 손 꼬옥 붙잡고, 그 자리에 가만히만 있어달라고, 가만히 있으면 안 되는데 상황은 다르니까, 좀 가만히 그 자리에만 있어달라고. 인양할 때까지. 그래서 다 찾고 나면 그나마 우리가 그 부분은 좀 덜 수가 있으니까.

면담자 　팽목에 계셨을 때, 여러 번 말씀해 주셨지만 경황이 없으셨고 천막에 계시는 대신 항상 항구에, 바닷가에 계셨지만…. 사실 생각해 보면 거긴 언론인들도 많았고 정말 많은 사람, 자원봉사 하는 사람들도 있었고, 많이 있었는데요. 그런 풍경들에 대해서 좀 뭐라 그럴까요, 경황이 없던 중에도 좀 각인된 기억이랄까 그런 거는 없었나요?

순범 엄마 　그냥 거기 어느 순간에 많아졌어요, 사람도 많아지고. 처음에 갔을 때는 그렇게 많지 않았는데, 천막도 없었고. 그리고 어느 순간에 제가 기억[에] 남는 거는 현대중공업인가 그분들이 있었어요, 처음에. 그리고 이제 비가 오니까 우리[에게] 우비를 준 거예요.

난 그 우비가요, 잊을 수가 없어요. 그 우비가. (면담자 : 왜?) 그때 우리가 솔직히 그[렇]잖아요. 4월 달이라 옷도 그렇게 두껍게 입지도 않았고요, 그냥 입은 채로 갔어요. 근데 팽목이 되게 추워, 춥더라고요. 근데 비 오니까 더 춥잖아. 근데 옷이 없잖아요, 아무것도 없잖아. 뭘 갖고 갔어야지, 애기 데려올 생각으로 간 거기 때문에…. 근데 우비를 줬어요, 한 벌짜리 바지를 이렇게. 그거 입고 살았던 거 같애, 며칠을…. 아무것도 없으니까 샤워 뭐 이런 거는 생각도 못 하고, 겨우 화장실에 가서 양치 이렇게 하고 세수나 겨우 찬물로 이렇게 했었으니까. 그 우비 덕분에 추위를 좀 막았던 거. 그리고 추후에 많은 물품들도 들어오고 그랬지만, 그 며칠은 좌우지간 아무것도 [없이] 추워 가지고…. 그래도 애들 생각하면 그런 것도 사실 우리한테는 호강한 일인데, 그분이 이렇게 챙겨주신 그게 제일로 기억에 남아.

그리고 많은 사람들이 있죠. 저는 이렇게 죽 끓여다 준 사람, 떡해 오는 분들도 있고, 뭐를 사갖고 오신 분들도 있고 그런데, 저는 별로 먹는 게 관심이 사실 없어요. 어거지로 와서 죽 주고 가고 먹는 거 보고 가고 막 이래. 그래서 별로 먹는 거는 거의 안 좋아해서, 많이 사람들이 왔는데…. 나 제일 기억나는 거는 그거 하나밖에 없어. 그때 너무 비 오고 정말 아무것도 없을 때, 그분들이 그거[우비] 하나씩 줘가지고……. 그거 입고 돌아 댕기면 비, 우산 없어도 되잖아. 그러곤 앉아서 자고 이랬던…. 제일 생각나는 사람들은 그분들이 제일로 기억에 남아. 제일 초창기에 그분들이 우리한테 했던 거니까.

많잖아, 그 외에도 엄청 많더만. 밥도 와서 해주고 나중에는 이제 밥을 먹었어요. 나중에는 이렇게, "먹어야 또 힘이 나서 애를 기다리지" 그래서 이만큼씩 먹었[어]. 식당이 그때 많이 생겼어. 지금 생각하면 한 일주일 후에 그랬던 것 같어. 일주일 후에 생겼던 거 같애, 다. 거의 한 일주일은 거의 저기였고[아무것도 없었고], 거의 한 일주일 다 되어가지고 막 생겼던 것 같애. 거의, 거의 사복경찰들이 많았던 거 같애. 우리, 부모들이래 봤자 얼마나 돼, 그지? 근데 왜 이렇게 사람이 많은지 몰라. 봉사활동 오신 분들도 있고 뭐… 그건 나중에, 나중에 많이 더 많아진 거(한숨).

면담자　오늘은 이 정도로 할까요?

순범 엄마　예. 아이고, 미리 얘기를 해주고 와. 그래야 내가 생각을 '야, 우리 어떻게 했어. 그때? 이렇게, 이렇게 했지?' 이거라도 적어오게(웃음).

면담자　(웃으며) 어머님들께서 2차 구술을 하고 나면 3차 때 다시 적어 오시더라구요. 구술할 때는 기억이 안 났는데 지금 생각해 보니까 빠뜨렸다고. 저번에 구술하고 집에 가셔서 도면이랑 발견했다고 하셨잖아요?

순범 엄마　뭐? 금방 이렇게 잊어먹어요.

면담자　1차 구술 마치고 저한테 얘길 해주셨거든요. 어머니 핸드폰에 저장한 사진들이 지워졌다고. (순범 엄마 : 응) 그래서 그런가 보다 했는데, 오늘 말씀에 의하면 댁에 가보니까 배 도면하고 명단은 집에 있다고 그러셨잖아요.

순범 엄마　있는 게 아니고 아, 그 종이들은 있는 것 같애. 그거 한번 보고 올게. 확실하게는 기억은 안 나는데.

면담자 그것도 보고 기억나는 게 있으시면 다음에 얘기해 주시면 됩니다.

순범 엄마 우리가 지금 계속 일하니까 생각이 안 나.

면담자 물론 바쁘시니까(웃음). 맞아요. 그래서 구술하기 전에는 오전에 조금 시간을 비워두고 생각을 좀 하셔야 돼요(웃음).

순범 엄마 그러는데 오늘[은] 아침부터 피케팅을 하고 오니까 생각이 나겠어요? 메모를 해두겠습니다. (휴대 전화로 사진을 보여주며) 이런 거, 우리 아들 있잖어, 이것도 왜 남은 줄 알어? 우리 딸[에게] 찍어서 보냈잖아. 그래 갖고 남은 거야, 안 그랬으면 다 날아갔어. 이때 이렇게 나왔어, 이렇게.

면담자 기린 마크가 있네요.

순범 엄마 어, 그것만 보고 눈에 띈 거야. 이거. 웅, 그 기린 마크를 딱 보고 내가 찾은 거야. 그때 저기[기록] 했던 거, 배에 이렇게 좀 체크하던 건 다 어디 도망가고, 한 갠가 남았더라고.

면담자 그럼 그거 찾아서 [4·16]기억저장소 쪽에 주시면 좋고, 그렇지 않더라도 보고 얘기해 주실 것 있으면 얘기해 주셔도 좋구요.

순범 엄마 그전엣 거 다 어디 있을 거야, 내가 버리지는 않았을 건데, 찾지를 못하는 거야. 이사하고 어쩌고 해가지고.

면담자 그러니까 나중에 여유 있으실 때 한번 들고 와서 스캔 같은 거 하면 되니까요.

순범 엄마 그런 게 있으면 그렇겠다, 그죠?

면담자 다음번에는 안산과 서울에서 하셨던 활동들, 그때 느꼈던 기억, 경험, 생각들, 그런 것들에 대해서 말씀해 주세요.

순범 엄마 국회, 광화문 다 얘기해야 하겠네?

면담자 네. 그것도 하고 또 예전에 어머니가 느끼셨던 것과 그리고 따님들이 느꼈던 거, 따님들에 대해 생각하셨던 거, 경험하셨던 것도요.

순범 엄마 어려운 문제네.

면담자 그것도 좀 얘기를 부탁드리겠습니다.

순범 엄마 그럴게요. 수고하셨습니다.

3회차

2016년 1월 11일

1 시작 인사말

2 장례 치른 후의 일상생활

3 유가족 활동의 시작과 6반 부모들과의 교류

4 국회에서의 활동과 분노

5 광화문, 청운동에서의 활동과 시민들에 관한 기억

6 두 딸의 안간힘을 다하는 생활과 반려견 '덕호'

7 4·16 참사 이후 세상에 대한 관점의 변화와 진상 규명에 대한 입장

8 진상 규명 이후의 삶에 대한 전망

9 언론에 대한 생각과 청문회 평가

1
시작 인사말

면담자 본 구술증언은 4·16 사건에 대한 참여자들의 경험과 기억을 기록으로 남김으로써 이후 진상 규명 및 역사 기술에 기여하고자 합니다. 지금부터 최지영 씨의 증언을 시작하겠습니다. 오늘은 2016년 1월 11일이며, 장소는 안산시 단원구 정부합동분향소 내 불교방입니다. 면담자 및 촬영자는 이봉규입니다.

2
장례 치른 후의 일상생활

면담자 지난번까지는 진도나 팽목에서의 경험들을 중심으로 얘기를 해주셨고요. 오늘은 그 이후의 활동들을 중심으로 여쭤볼 생각입니다. 그때 이야기를 바로 시작해 보죠. 아드님 장례를 치르고 나서, 그 이후부터의 이야기를 좀 시작해 주시면 되겠습니다.

순범 엄마 그 이후는[순범이 장례 치르고 나서] 며칠은 집에 있었죠. 나오지도 못하고 아무것도 할 수 있는 상황이 아니었기 때문에. 집에 있다가 일주일 정도? 지나서 분향소를 나오기 시작했고. 뭐가 뭔지 모르지, 아는 사람이 별로 없기 때문에. 그때는 다 잘 모르잖아요, 그죠? 그냥 주위에 그때 옆에 있을 때[함께 있었던] 그분들만 알지. 누가 누군지 같은 반이어도 누구 엄만지 잘 모르는 상태이기 때문에 그냥 그때는 어떻게 했는지를 잘 모르겠어(웃음). 기억이 잘 안 나, 그때는. 그냥 왔다 갔다 했던 것 같애요, 왔다 갔다. 그래서 어느 시점에 그러다가, 버스 투어[특별법제정촉구 전국버스순회]부터 본격적으로 제가 뛰어든 것 같고. 버스 투어를 3박, 3일인가? 버스 투어를 했어요.

면담자 네, 7월부터.

순범 엄마 어…, 7월부터죠? (면담자 : 예) 제가 5월 달에 우리 아이를 보내놓고, 7월 달에 버스 투어를 하면서부터 이제 본격적으로 제가 움직이기 시작했고.

면담자 7월부터 서명운동을 집중적으로 다니셨죠?

순범 엄마 그때는 그냥 분향소[만] 거의 왔다 갔다 했던 것 같애. 기억이 별로 안 나, 그때는. 예, 전혀. 머릿속에서 잘 기억이 안 나.

면담자 분향소에 가셔서는 주로 뭐 하셨어요?

순범 엄마 그니까 기억이 안 나, 그때 생각이 지금. 내가 뭘 했지? 그때는 애를 막 보내놓고 난 뒤에라 그런지 전혀 기억이 없어. 뭘 했는지를 모르겠어.

면담자 분향소에 나가시게 됐던 이유는 뭘까요?

순범 엄마 [분향소에] 나가게 됐던 이유는 이제 앞으로 할 일도 있고 싸워야 될 일들이 있으니까. 그때는 그냥 가족[들] 얼굴 익히고 뭐 이런 거 하지 않았나(웃음).

면담자 일단 상을 치르고 나서도 '좀 쉰 다음에 다시 하겠다'는 마음이셨어요?

순범 엄마 해야 되는 거는 당연한 거니까. 뭐 어차피 이 나라하고 우리 아이들이 왜 죽었는지, 왜 그런 상황을 만들었는지를, 왜 구하지 않았는지를 알고는 [있어야], 알아야 되니까. 알아야 되기 때문에 그때는 그냥 잘 기억은 안 나지만 그런 상황[이었어]. 아무튼 정신이, 완전 넋이 나간 상태이기 때문에 솔직히 기억이 잘 안 나, 진짜로. 내가 어떻게 처음에 뭐를 했지? 이런 것들이 전혀 기억이 안 나고, 기억나는 거는 이제 버스 투어 할 때부터 조금 기억이 나. 근데 그 이후는…….

면담자 넋이 나갔다고 말씀하셨는데요. 그럼 그때 일과가 어떻게 되셨는지요?

순범 엄마 그냥 거의 집하고 분향소. 지금도 마찬가지지만 그때는 집하고 분향소. 거의 그냥 집에 처박혀만……. 술도 마시고, 그때는 거의 그랬던 것 같애.

면담자 따님들은?

순범 엄마 딸들도 다 집에 있었고요.

면담자 그러면 그때는 보통 집에 세 분이 같이 계셨군요?

순범 엄마 응. 있었고, 거의 침묵이었고. 가족들이 이렇게 모여도 거의 침묵 상태였고, 서로 말을 아끼는 그런 상태.

면담자 식사 준비하거나 다른 살림도 해야 하잖아요?

순범 엄마 그런 것도 안 했어요, 저는. 애들도. 그때는 우리 아이가 살던 집에서 있었잖아요? 그래서 아무것도 거기선 할 수가 없어. 다 각자 알아서.

면담자 어떻게 보면 세 명 다 그냥 각자 알아서….

순범 엄마 응, 그런 상황이. 아무것도 내가 할 수 있는 그런 상황이 아니었던 것 같애. 우리 애들한테는 좀 미안하지. 근데… 어쩔 수 없는 상황이었고, 애들한테는. 그때 당시에는 우리 아들밖에는 안 보였으니까. 걔네들이 보이지가 않았어(웃음).

면담자 또 어머니 말씀대로 넋이 나간 상태니까.

순범 엄마 예, 솔직히 걔네들이 보이지가 않았어. 걔네들은 다 컸구나. '컸으니까 느그들이 알아서 하겠지'라고 생각을 했었고. 오로지 우리 아들만 보였기 때문에, 그 뒤에는 생각해 본 적이 없어. 애들이 걱정이라든가 이런 부분도 안 했던 것 같애. 우리 딸들한테 지금에 와서는 굉장히 미안한데, 그때 당시에는 그랬던 것 같애.

3
유가족 활동의 시작과 6반 부모들과의 교류

면담자 그럼 분향소 다니면서 알게 되신 부모님들이나….

순범 엄마 저희 반 엄마, 아빠들.

면담자 그때 알게 되셨던 부모님들은 어느 분들이신가요?

순범 엄마 그러니깐 장환이랑은 그때 내가 팽목에 있을 때 같이 만났기 때문에 알았고. 또 건우 엄마랑 같이 있던 장…, 저기 준형이 아빠랑, 그다음에 건우, 8반 건우 아빠, 그다음에 준형이 고모, 이런 분들은 같이 거기서[팽목에서] 있었기 때문에 알았던 분들. 그 사람들 만나면서 우리 반 일찍 나온 애들 있잖아요? 거의 비슷하게 나와가지고 장환이, 장환이가 일찍 나왔지. 일찍 나오고 나머지는 거의 비슷하게 나와. 그래서 이제 다 보내고, 하나둘 이렇게 모이면서 반이 저기가[모이게] 되고. 그때는 장환이 엄마가 일찍 나왔고, 그때는 반 대표를 했었고, 그래서 그때부터 모이기 시작했지.

면담자 버스 투어도 얘기하셨는데 그런 프로그램들에 참여하게 되기까지는 당시에 반 대표를 맡으셨던 장환이 어머니께서 연락도 주시고 알려주셨던 건가요?

순범 엄마 그렇죠. 그때 당시에는 그렇게 [반] 대표들이 잘 연락망을 [구축]해서 "같이 이렇게 하자. 어떻게 하자" [연락을 해주었고], 그리고 이제 가족협의회에서 나온 얘기를 이렇게 [전달]해주면 우리는 같이 참여하고, 같이 행동하고, 같이 움직이고 이렇게….

면담자 어떤 분들은 그런 활동에도 쉽사리 참여하기 힘들 만큼 마음이 수습이 안 되시는 분들도 계셨던 것 같아요.

순범 엄마 그렇죠. 다 100프로, 저희 반이 [희생 학생이] 지금 25명인데 스물다섯 가정이 다 함께 모일 순 없잖아, 그치? 더 아픈 사람도 있고 사정 있는 사람[도] 있고, 일을 해야 되는 분들도 있을 것이고. 그렇기 때문에 100프로 다 참여하기는 굉장히 힘든 일이고. 그때 당시에도 이제 애기들, 밑에 동생들이 있기 때문에, 저희 같은 경우는 이제 애들이 (면담자 : 다 컸으니까) [순범이가] 막내기 때문에…. 그치만[그렇지만] 그 밑에 애들은 다 동생들이라 중학생들, 이런 애들[이] 있기 때문에 거기에도 또 신경을 써야 되기 때문에. 뭐 100프로 이렇게 저기는[참가는] 못 해도 그냥 참여, 잠깐 왔다 가고 왔다 가고 이렇게 참여를 시작했었고. 국회도 마찬가지고. 그러다가 이제 또 시간이 흐르면서 아무것도 안 되니까 마음에 상처를 받아서 지금도 못 나오는 사람도 있고.

면담자 처음에 나오셨다가 상처를 받아서 안 나오기 시작한 분들이 계세요?

순범 엄마 응. 너무 마음에 상처가 있는지… 속마음은 아직 들여다보지 않아서 모르지만, 그렇다고 생각을 해요.

면담자 그런 분이 6반에도 꽤 계셨습니까?

순범 엄마 그렇죠. 아니, 처음부터 있었던 건 아니고 거의 처음에는 엄마, 아빠들이 많이 움직였어요. 국회 있을 때까지만 해도, 청운동까지만 해도 교대로 이렇게 오고 그랬으니까. 청운동을 해체하고부터, 거의 마음의 상처를 많이 입었는지 어쨌는지 집에 들어가서 참 힘들게…. 그냥 반 당직들 좀 나오고 한동안은 그러더니, 이제는 거의 안 나온 상황이 되어버린.

면담자 그사이에 반 대표는 계속해서 장환이 어머니께서 하셨어요?

순범 엄마　　장환이 엄마가 하다가 그다음에 영만이 엄마가 하다가… 또 많이 갈렸지.

면담자　　대표가 자주 바뀌었단 말씀이신지?

순범 엄마　　몇 개월에 한 번씩 바뀌었지. 태민이 엄마가 하다가, 그리고 이제 호성이 엄마는 부대표로 계속하고 있었고. 그리고 또 누구야? 하도 많이 해가[지고]. 종영이 아빠. 종영이 아빠가 또 반 대표를 하다가 그만두면서, 반 대표가 없이 부대표만 있게 하다가 [그래서는] 안 되니까 제가 이제 할 사람이 없어서(웃음) 제가 어쩔 수 없이 이제….

면담자　　대표는 언제부터 하신 거세요?

순범 엄마　　한 지금 두 달 됐나요? 그래서 어차피 누군가는 해야 되고 누군가는 있어야 되고 그래서. 호성이 엄마는 너무 바쁘고, 다 그래도 했던 사람들이고 또(웃음). 결국은 제가 했어요. 뭐 특별한 거는 없는데, 그냥 우리 반[의] 그래도 대표라도 있어야 또 우리 반이 살잖아. 그래도 우리 반은 잘 움직여요, 많이. 지금 현재는 무조건 움직이는 사람이 한 여덟 명… 음, 적진 않죠. (면담자 : 활동력이) 예, 적진 않아요. "야, 모여, 오늘". 당연히 이제 목요일하고 금요일은 피케팅이 있는 걸로 알고 당연히 알아서 다 오는 그런 상황이고. "뭔 일을 하자" 그러면 다 모여드는 가족이 한 여덟 가족 되고. 오늘도 "내일 청소합시다" 그러면 다 모이죠. 그냥 든든해요, 그래도 가족이. 그래도 언제든지 부르면 달려오는 사람들이 다 그 정도 있으니까. 다 오면 좋겠지만 또 그게 다 바랄 순 없잖아.

면담자 이렇게 적극적이신 분들이 6반에 많은 거 봐서, 처음에 이렇게 반 대표 생기고 또 반 모임 만들어지는 과정에서 6반이 분위기가 좋았던 모양이에요?

순범 엄마 이게 좀, 우리 반이 좀 착해요, 엄마들, 아빠들이(웃음). 그렇게 팍, 확 특출하게 나서는 사람도 없고, 그냥 조용해. 그냥 "이렇게 하자" 그러면 거의 따르는. 그 특별한 거 아니면, "우리 가족이 이걸 해야 된다" 그러면 거기 그냥 무조건 따라가는 사람들이죠. 근데 이제 자기 할 일들이 있고 또 일도 해야 되고, 솔직히 먹고는 살아야 될 거 아니에요? 먹고는 살아야 된께[되니까] 일하는 사람도 있고. 그래도 일하면서 또 간간히 참여하는 사람들도 있고, 일하지 않아도 그냥 집에 있는 사람도 있고.

면담자 근데 혹시 좀 뜻이 맞지 않아서, 다른 의견들이 있어서 얘기가 오갔던 때가 혹시 있었다면 언젠지 기억이 나세요?

순범 엄마 그런 때는 별로 없었던 것 같아요. 내가 국회 있을 때 청운동에 있을 때 많이 속이 상했던 거는 많이 참여 안 해주고 그런 거. 좀 속이 많이 상했었는데 서운하기도 하고 그랬는데, 시간이 지나고 보니까 그들 마음을 또 이해는 할 수가 있겠더라고. '나는 이렇게 밖에 나와 있는데 느그들 그래도 한 번은 왔다 가야 되는 거 아니냐? 여기서 자라고 그러는 것도 아니고 자는 거는 우리가 도맡아서 한다'. 나는 이제 애들이 컸기 때문에 충분히 할 수 있는 부분이었어요. 그래서 했고 또 그들은 애기들이 어리기 때문에 왔다가 가야 되는 상황이고. 그래서 그런 거는 100프로 이해하는데 좀 참여도가 갈

수록 갈수록 떨어지는 거야.

면담자 아예 안 오는 사람도 있고?

순범 엄마 응. 그래서 때로는 정말 심한 말도, "니가 엄마냐!" 뭐 이렇게 심한 말도 했지만, 이제는 좀 이해가 가더라고.

면담자 반 모임에서나 다른 사람들 있는 데서는 아예 그런 얘기를 못 하셨을 테니까요.

순범 엄마 얘기를 안 하죠. 그리고 이제 반 모임이 있을 때는 그냥 항상 "같이 이렇게 이렇게 해나가자. 앞으로 이렇게 싸워야 된다, 앞으로 좀 더 같이 함께하자" 뭐 이런 얘기. 그리고 그런 얘기 하고 또 지금도 마찬가지로 어차피 정해져 있어요. 저희 반, 오늘이 저희 당직이거든요? 근데 정해져 있어요, 나오는 부모님들은. 당직 날 승태 아빠, 건계 아빠는 당직 날 꼭 나오고. 나머지는 특별한 일 있을 때, 무슨 내가 공고[공지]를 해가지고 "사진을 찾아가라" 한다든가 그럴 땐 좀 모여. 지금은 기본적인 사람만 항상. 그런데 당직 때는 한 열 명 정도? 그래도 감사하지 뭐. 다 들어가면 골치 아픈데 그래도 똘똘 뭉칠 수 있는 힘이 있잖아요. 그리고 저희 반은 이렇게 부러워하는 반들이 많아요.

면담자 다른 반에서요?

순범 엄마 예.

면담자 자랑 좀 해주세요.

순범 엄마 뭉치[고] 이렇게 항상 같이 다니잖아요. 다른 반들은 이렇게 다섯 명이 일을 해. 다른 반은 세 명이 이쪽에 서고, 한 명은 어디서, 이렇게 따로 따로 일을 하잖아. 근데 우리는 같이 움직이잖아. "야, 피케팅 가자" 그러면 같이 싸악 모여서 같이 (면담자 : 한꺼번에 가고) 응, 움직이고. 차도 이렇게 한 차 가고. 또 "금요일 피케팅 있다" 그러면 다[들] 지가 알아서 와서 참여하고. 또 "어디를 가자, 뭐 팽목을 가자" 그러면 일부는 또 여기서 해야 되잖아? 그러면 애기 어린 애들은 여기서 하고, 또 우리같이 애가 없고 저기 한[매이지 않고 자유롭게 움직일 수 있는] 사람은 팽목을 가고. 또 이번 신정 때 같은 경우도 그래요. 원석 언니나 재능이, 호성 엄마는 애가 없잖아요, 다 커버려서. 나머지 태민이, 재능이 아니 그… 동영이, 민규 이런 애들은 애들이 어리기 때문에 먼 데는 못 간단 말이에요. 그러니까 안산에서 움직여 주고. 이게 탁탁 마음이 맞는 거지.

면담자 뭐 특별히 조정하고 할 거 없이 다 알아서.

순범 엄마 조정할 거 없이 알아서 되는 거야, 이렇게. "우리는 이렇게 이렇게 갈 테니까 여기서 이렇게 이렇게 해라" 그러면 "어, 알았어, 오케이". 그럼 우리는 가서 이번에 같은 경우[에]는 [팽목에서] 상도 차려줬잖아요, 처음으로. 우리 애들 2년이 다 돼가고 그런데, 밥 한 끼 솔직히 제대로 못 챙겨줬잖아? 그래서 '이번에는 밥을 한번 제대로 챙겨주자'. 그러면서 가가지고 다 시장 봐서 다 우리 손수 무치고, 부치고, 다 해가지고 상을 차려주고 왔는데 너무 좋았어요. 마음이 아프기도 하지만, 마음은 좀 편안하더라고. 그래서 또 서로가, 서로가 알아서 하잖아.

여기서 그날, 신정 날은 우리 금요일 피케팅 있었어요. 목요일 날은 또 교육청 피케팅 있고. 이틀 연짱 몇 명이서 [피케팅을] 하고. 우리는 밑에, 팽목에서 청소도 하고, 애들 자리에 간 지가, 제가 갔다가 온 지가 꽤 오래됐어요. 그래서 청소도 좀 하고, 다 들어내고 청소도 해주고, 깨끗하게 정성을 다해서 또 음식도 차려주고 오니까 엄마들도 너무 좋아하더라고, 모든 엄마들이 다. 자기도 하고 싶은데 못 하는 분도 있잖아요, 마음이 아파서. 그치만 그 마음은 언젠가 아프지만, 때로는 그 아픔을 가지고 [무언가] 하고 나면 또 마음은 좀 편안해지더라고. 그래서 아무튼 우리 반은 그래요. 우리 반은 아주 똘똘 잘 뭉쳐서 자기 할 일 뭔가 잘 찾아서 하는 사람들이니까.

면담자　그러면 반마다 차이가 있긴 하겠지만, 의견이 맞지 않아서 갈등을 빚었다거나 그런 이야기를 들어보진 않으셨어요?

순범 엄마　그런데 그 희한한 게요. 있죠, 있기는, 속상할 때도 있고. 그치만 서로가 그 부분을 이해할 수밖에 없게 되더라고. 이렇게 뭐가 있으면 어떤 사람은 진짜 좀 벗어나서 행동하는 사람도 있어, 간혹은. 그면 그냥 대놓고 얘기를 해.

면담자　어, 정말요?

순범 엄마　응. "우리, 이런 건 좀 안 좋다. 이렇게, 이렇게 하자" 이렇게. 그래도 화는 안 내지. 사람이, 내가 이거, 이 말을 진짜 하고 싶어서 하는 거는 아니잖아. 그냥 어쩌다 이렇게 할 수도 있잖아, 그런 부분들. 음, 모르겠어. 내가 카톡에다, 어떤 때는 우리 반은 내가 이제 진도 동거차도 갔을 때 정말, 소금이라든가 뭐 이런 거를[거가]

이제 이렇게 들어오잖아. 그러면 저희가 그거를 또 이렇게 무시할 수가 없잖아요. 저희[시민분들이] 마음으로 준 건데 그걸 또 마음으로 전달을 해야 되잖아. 그면 이제 안 나오는 사람들은 사실 내가 누구누구, 소금 같은 거는 여기다 막 차에다 실어갖고 다닐 수 있는 게 아니기 때문에, [유가족 대기실에] 놓고 가져가게 만들어야 되는 상황이라서 신청을 받았어. 그러면 못 하는 거야. 답을 못 해주는, 신청을 못 하는 거야. 왜냐면 미안해서, [신청하기] 뭐해서. 그래서 내가 개인, 개인 전화를 해서 일일이 신청을 받고. 진도 팽목에 있을 때는 답도 안 주고 그러는 거야. 그래 가지고 너무 속이 상한 거지. 그래서 "느그들도 엄마냐. 엄마가 돈만 아냐" 이런 말도 사실 다 거침없이 해요, 저는 대놓고. 그 대신 할 때는 그렇게 해, 일부러 들으라고. 왜 엄마면 정말 지금 할 일이 뭔지는 알아야 되잖아. 우선 급한 게 뭔지 이런 것들, 무응답인 거. 이게 터져불라 하는 거지. 그래서 때로는(웃음) 막 퍼부어. 카톡에다 올려요.

면담자 그런데 또 답이 없을 때 괜히 속상하시잖아요.

순범 엄마 [가슴을 두드리며] 어, 여기가 터질라고 해, 왜냐면 답답하니까. 그래서 일일이 그다음 날 전화해서 신청받아서 어떻게 어떻게 가져가라고 얘기를 전달해 주니까 또 다 찾아가고. 이해를 할 거야, 그 사람들은 내가 그렇게 해도. 내가 오죽하면 응? 하루도 안 쉬고 저러고 다니는데(웃음) 말도 안 하지. 그럼 대놓고 이제 "야, 너는 왜 전화 답도 안 주냐?", "언니 미안해서, 뭐해서. 아이고 그냥 언니가 어떻게 알아서 해, 해결해" 뭐 이렇게… 그런 부분들.

그러면서 그냥 어차피 포기했어. 이제는 포기했어(웃음). 왜냐면 '우리가 만약에 1년, 2년, 3년 이렇게 하다가 너무 지쳤어. 그러면 그때 나오지 않을까?', '정말 우리가 싸워서 뭔 결과가 보여지면, 그때 나오지 않을까?' 뭐 이런 생각. 지금은 솔직히… 우리가 성질이 좀 급하긴 하지만, 지금은 포기했어요. '언젠가 되겠지. 우리는 할 거야'. 그 생각을 가지고 하는데, 그때 당시에 너무너무 진짜 바깥에서 청운동, 그 똥내 나는 데서 76일[을] 버티면서, 또 팽목에서 한 3개월[을] 버티면서 이렇게 왔잖아. 그 초장에 얘기를 하는 건 아니고, 그 거쳐 온 노숙생활을 한 부분들이잖아요. 광화문, 국회 이렇게. 이걸 하면서(한숨) '이거 뭐야? 된 건 아무것도 없고, 뭐 하나 이만한 것도 변한 게 없고'. 그래서 힘이 빠질 때가 굉장히 많이 있어. '우리가 어떻게 해야 되지?' 그러한 마음. 그래서 포기한 사람도 많이 있을 것이고, 그냥 집에 주저앉은 사람도 많이 있을 것이고. 근데 희한한 게 지금 우리 그 엄마들은 집에 있지를 못해(웃음).

면담자 아, 6반 어머님들은요?

순범 엄마 응. (웃으며) 집에 있지를 못해.

면담자 다들 파이팅이 넘치시는가 보죠.

순범 엄마 응. 그리고 나와서 뭔가를 해야 되고, 바느질이라도 해야 되고. 또 좋은 일 한다 하면 엄마들이 더 적극적이잖아요. 요번에 5월 달이면 엄마장[엄마랑 함께하장]이 두 번째 열리는 건데 지금 그거 작업이[을] 시작하고 있어요. 응, 뭔가를 하나 만들어서 작품을 내서 판매가 되고, 또 그 판매를 함으로써 누군가의[에게] 좋은 일, 어려운 아이들에게 아니면 노인들에게 좋은 일 할 수 있는 거. 그렇게 한다 하니까 엄마들이 더 적극적이야. 그래서 그냥 하루하루 버티는 거지, 무언가 하나 완성하면서. 우리는 되는 것도 없는데(웃음) 뭔가는 하나 완성이 되잖아. 그러면 '우리가 이렇게 하다 보면 우리도 언젠가는 어떻게 완성이 되지 않을까, 해결이 되지 않을까'. 뭐 이런 거.

면담자 그럼요.

순범 엄마 음. 그런 마음으로 하고 있어(웃음).

4
국회에서의 활동과 분노

면담자 이제 서운한 것도 있고, "이게 언젠간 될까"라는 말씀도 해주셨는데, 그런 생각을 많이 하셨을 때가 국회에서 농성하셨을 때랑 청운동에서 계셨을 때 (순범 엄마 : 그 끝나고 나서) 끝나고 나서? (순범 엄마 : 예) 그때 얘기를 좀 상세하게 해주실 수 있으시겠어요?

순범 엄마 국회에 있을 때는 정말 완전 바닥이잖아, 그쵸? 하늘과 땅, 이렇게 비둘기 똥이 막 떨어지고. 그런 속에서 저는 많이, 그리고 화가 많이 났어. 그때는 화를 어떻게 주체를 못 했어, 국회에 있을 때는. 그들이 이렇게… 그들은 참 편하게 살잖아요, 국회 안에 들어가고도. 여름엔 시원한 에어컨 틀어놓고 살고, 겨울에는 따뜻하게 해놓고 살고. 정말 그렇게 살잖아? 그러면서 나 몰라라 하잖아. 화를 내가 주체를 못 했어, 정말. 그 자체가, 그 사람들을 보는 그 자체가. 자체에서부터 이렇게 화가[화를] 이렇게 주체를 못 하겠는 거야.

면담자 처음 가실 때부터 그러셨어요?

순범 엄마 아니, 좀 지나서부터. 주체가 안 되는 거야. 화가…… 그래서 술도 먹어보고 별짓 다 해도 이게 안 풀리는 거야, 계속 그게. 그래서 소리도 지르고 싸움도 하고, 내가 진짜 안 보일 거 보일 거, 내가 거기선 다 보였는데… 정말 이게, 그래도 화가 안 풀리는 거야. 계속 한 몇 개월은 거기 있었잖아요? 근데 이게 계속 화가 더 치밀어 오르는 거야.

면담자 분출을 하고 또 해도?

순범 엄마 응, 안 되는 거야 그게. 뱉어지지가 않고, 그들은 우리를 피해서 다니고 뭐 이런 거를 계속 눈으로 보고 있잖아. 솔직히 우리가 태어나서 국회를 처음 가본 거잖아. 이런 곳이라는 것도 알았던 거고. 막 그 사람들 와서, 와봤자 우리들한테 와봤자 제일 진짜 하바리 힘없는 사람들, 힘없는 국회의원들이 와서 우리한테 위로 차원에서 말하고 그러는데, 정말 그 좀 힘 있는 국회의원들은 그 근처 지나가도 안 해. 지하로 들어가서 지하로 나가고 이렇게, 어떻게 나가는지 모르겠어. 이리 앞으로 다니질 않어.

면담자 얼굴 한 번 보지를 못하셨어요?

순범 엄마 보기가 힘들더라고, 우리는. 그래서 그런 거 이런 거 저런 거 이게 쌓이잖아? 쌓이니까 이게 안 되는 거야, 주체가. 그러다 보면 가서, 그 앞에 가서 술 한잔 먹고 통곡도 하고… 통곡을 하지. 통곡도 하고 별짓을 다 해보지. 그러다가 한 네 번 정도 내가 그렇게 했어. 통곡도 하고 울기도 하고 소리[도 지르고], 가서 깽판도 치고 솔직히 얘기해서 한 네 번 정도…. 그게 몇 개월 걸렸지, 7월 달부터니까, 내가. 9월 거의 추울 때 나왔으니까 한 두 달 정도 있었나 봐. 그러면서 너무 힘들었어. 그래서…(한숨) '이것도 아니고, 저것도 아니고, 집에 들어가 버리자'. 그리고 사실 내가 집에를 들어간 거야. '이제 나오지 않겠다. 너무 힘들어서'. 그때 단식도 하고. 그런데 내가 진짜 마지막으로 국회에서 화가 났던 게 뭐냐 하면, 그때 엄마랑 아빠들이 단식을 하고 있을 때잖아요. 근데 그때 굉장히 바람이 많이 분 날이 있었어. 춥고 비 오고 이런 날이 있었는데, 그때 당시에 단식하는 사람들은 거길 나가질 않았잖아. 집에를 안 갔잖아? 그 국회 저쪽에 그… 저기 실이 있어, 회의실. 큰 강당이라 그러죠?

면담자 대회의실, 대강당이죠.

순범 엄마 응. 거기서 잠을 잔 거예요. 나도 이제 그 자리에 누웠어요. 근데 내가 도저히 거기 있을 수 있는 상황이 아니더라고. 내가 비가 온들 뭐가 온들…, 그래도 그 자리에 가 있는 게 나을 거 같아서 나왔어, 술도 한잔 했지만. [회의실 밖으로] 나왔는데, 그리고 혼자 있는데 문을 잠가버리는 거야. 그 국회에 우리가 이렇게 정문 앞에서 이렇게 있잖아요. 앉아 있잖아요, 돗자리 깔아놓고. 근데 저는 정문 옆에, 거기가 우리 반[이] 거의 있는 자리고, 그래서 여기 있는데 문을 잠가버린 거야. 거기 그래도 우리[가] 화장실은 그리 다녔거든.

면담자 그렇죠.

순범 엄마 문을 잠가버린 거야. 그래 가지고 그다음 날 정말 화가 난 거야. 그날 그냥 돗자리 날아가고, 혼자 거기 있었지, 내가. 거기서 이제 밤을 샌 거야. 근데 문을 잠근 거야. 그다음 날 그냥 말하기 힘드니까(웃음) 저는 소주를 한잔 먹어야 돼. 알코올이 좀 들어가야 이제 말을 하는데, 따졌지. "왜 문을 잠궜냐?" 이렇게. "사람이 있는데 문을 잠그면 어떡하냐?"고 따졌더니(웃음) 못 봤다는 거야. 못 봤다는 거야, 내가 바로 그 옆에 있는데. "니네들 그렇게 하지 마라[문 잠그지 말라]"고, "그러면 문 잠그라고, 잠그려면. 나 아무 데다 오줌도 싸고 똥도 싸고 할라니까 그렇게 하라고". 그러고 내가 솔직히 진짜 그때는 뵈는 게 없었어, 정말로. 그리고 내가 술을 먹고 깽판을 쳤어, 내가. 솔직히 그 앞에서 담배도 피고 카펫 이렇게 깔아놓은 데 있잖아. 국회[에] 들어가면 카펫 이렇게 깔아놓은 데 있어요. 거가[거기 가서] 앉아가지고 그 한을 얘길 하는 거지. "니네들이 문을 왜 잠그냐? 그 바람이 부는데. 니네들이 그렇게… 그 바람도 무서웠더냐". 응? 솔직히 그렇잖아. 왜 문을 잠그냐고, 사람이 있는데. "우리는 사람으로 보이지 않냐?"라고 따지면서 거기서(웃음) 담배도 피고 던지고, 꽁초도 버리고… 내가 다 했어, 그래서. 너무너무 화가 나가지고. 그다음부턴 이제 문을 계속 열어놨는데. 계속 그렇게 하고, 그렇게까지 내가 했어. 별짓을 다 했어 그 안에서. 〈비공개〉

그리고 내가 한번은, 너무너무 화가 나니까 이게 분풀이가 안 되니까, 고 앞에 경찰 항상 서 있잖아, 항상 있잖아. 그 앞에서 통곡을 하는데, 누구 이모야 은솔인가? 은솔인가? 그 이모 하나 있잖아. 모르지요? 그 이모가 나를 말렸던 모양이더라고. 화가 났는데 말리면 좀…… (면담자 : 괜히 더) 그렇지. 말리지 않는 게 제일 좋은 방법이거든. 근데 나를 건드려서. 그래 가지고 뭐 119 실려 가고 어쩌고 그[러]더라고? 나는 신경 안 썼어. 그리고 내[가] 그날 이후로 '아, 이러면 안 되겠다. 내가 우리 아들 이름도 있고, 내가 여기 있다가는 완전 미쳐서 갈 거 같구나, 또라이가 돼서'. 아마 정신이 나가버릴 것 같은 그런 기분 있잖아. 우리는 가족들하고 싸우고 싶진 않거든, 사실상. 얘네들 때문에 화가 나서 내가 지랄한 거지, 우리 가족하고 싸우려고 한건 아니잖아. 똑같은 상처 입은 사람들인데. 그래서 '내가 이러면 안 되겠구나' 하고 집으로 들어간 거지.

5
광화문, 청운동에서의 활동과 시민들에 관한 기억

순범 엄마 집으로 들어가서 한 이틀을 밥을 안 먹고 집에 있었어. 밥도 먹기 싫고 아무것도 하기 싫은 거야. '아, 이제는 그냥 아들한테 가는 길밖에 없다'. 그때는 그런 생각하면서, 꼼짝도 안 하고 집에 이틀을 있는데, 벌떡 일어났어, 내가. '차라리 이렇게 굶고 앉아서 이렇게 있을 바에야, 엄마들도 단식하고 있는데 단식이나 하러 가자'. 단식은 거의 끝나는 상황이었[고], 시점이었으니까. 거의 끝나는, 쓰러지고 다, 유민이 아빠만 남아 있는 상태. 유민 아빠하고, 누구 아빤가만 남아 있는 상태니까, 거의 이제 그분도 막바지였으니까. 그러고 있는데 '차라리 단식을 하자' 결정을 내린 거야. '내가 여기 있으니[있느니] 차라리 밥 안 먹고 있을 거면 차라리 단식을 하자.

이래도 죽고 저래도 죽는데 해보자'. 그리고 광화문을 난 간 거야, 조용히.

국회는 이제 거기서 손을 떼고, 국회에 있다가는 내가 미칠 것 같으니까는. 광화문을 가서 "내가 단식을 하겠습니다"라고 얘기를 하고(웃음), 얘기했더니 바로 탁 자르더만. "유가족은 단식 안 됩니다"라고. 그래서 '어, 그래? 그럼 어떡하지?'(웃음) 목적은 그거였는데. 그래서 광화문에서 머물게 된 거지. 머물게 된 거고, 거기서 자고…. 그렇게 또 생활을 시작이[시작하게] 됐어, 이제. 차라리 그들은 안 보잖아. 근데 또 국회와 이쪽하고는 다른 게 있더라고, 이쪽들은. 여기들은[국회에서는] 정말 권력자, 어떻게 보면 권력자들이고 어떻게 보면 진짜 돈밖에 모르는 인간들 아니면, 우리 생각에 이런 사람들이지만, 이쪽은[광화문에서는] 한편으로는 우리를 위해서 같이 함께해 주시는 시민들이잖아. 생각이 달라지지, 감사한 마음이 생기고. 여기는 오기가 생기는 부분들이 있더라고. 그래서 내가 이제 광화문에서 계속 시민들과 만나고 얘기하고, 이러면서 지내게 됐던 거고.

면담자 아, 광화문에 계시면서 비로소?

순범 엄마 응. 마음이 요쪽 와[서] 바뀐 거야, 완전히. 이쪽은 우리와 함께하는 사람들이고, 이쪽은 우리를 생각하지 않는 사람들이잖아. 우리하고 전혀 반대적인 사람들이기 때문에 일부는 우리를, 우리와 함께하는 사람도 있겠지만, 그 힘없는 사람들이나 우리하고 함께하지, 그 힘이 있는 사람들은 우리를 보지도 않는 사람들이잖

아. 다 저기 뭐, 저기 거시기나 똑같은 인간들. 그래서 이렇게 완전히 다르잖아, 완전히. 그래서 많이, 내가 많이 이제 진정이 된 거지, 여기 오면서. 바뀌게 되고…….

그래서 이제 그러다가 유민 아빠가 쓰러졌잖아. 41일 단식하면서 쓰러지면서, 청운동은[으로] 들어[가게 되었지]. 거그서[거기에] 가서 거[기] 가서 살라고 간 건 아니었는데, 사실. 그냥 유민 아빠가 쓰러지면서 우리 가족들이 간 거잖아? 근데 거기서 머무를지는 몰랐지, 또. 거기서 그날 이후로 머무르게 돼버린 거야(웃음), 76일을.

근데 어우, 거기는 진짜, 서울은 너무 독한가 봐. 뭘 먹어서 그런지는 모르겠지만, 너무 독하고 냄새도 많이 나고 가스, 동사무소 앞에 하수구가요, 하아 그렇게 냄새가 많이 날 수가 없어. 가스가 막…. 우리는 그때는 그나마 이렇게 다 [사방이] 터져 있는데도 냄새가 나는 거야. 그 천막[을] 위에만, 처음에는 비닐 덮고 있었고. 그날도 왜 비가 오는 거예요, 그죠? 그냥 비닐을 이렇게 덮고 비를 피했고. 그[러]면서 바닥에서 하루, 이틀 자면서 천막이, 이렇게 비닐을, 이렇게 쳐지기 시작해서 그렇게 시간이 많이 흘렀죠. 그러면서 약간 날씨가 추워지면서, 완전 천막이 채워지고. 근데 좀 아쉬운 게 있어요, 너무 빨리 해체했다는 거(웃음).

면담자　　그곳이 청와대 앞이지 않습니까? 국회에서 느꼈던 감정들이 광화문에서 좀 안정이 됐다고 하셨잖아요?

순범 엄마　　예. 거기서 바뀌면서 또 청운동도 마찬가지로…. 옆에는 미운, 정말 이해할 수 없는 사람이 있기도 하지만 또 시민들이 같이 매일매일 찾아와 주시고 같이 또 함께해 주고. 그러니까 그런 데서 마음이 많이 저기[안정]되고…. 또 마음이 많이 안정이 된 부분들은 바느질을 하면서. 처음에 광화문에서 별거 아닌 리본을 시작해서, 리본을 만들기 시작해서 한 분 한 분 이렇게 전해주다 보니까 마음이 참 뿌듯했어요. 내가 직접 바느질을 해서 누군가에게 하나 달아주면 너무 좋아하시는 거예요. 그래서 노란 천이면(웃음) 우산, 우산집 있잖아? [우산]집을 잘라서라도 만들어 가지고 주던 곳이 광화문이었고.

그[러]면서 그 이후에 청운동에서도 처음에는 그렇게 시작을 했고, 그 우산 고거로 천막에 달기도 하고. 이렇게 하면서 어떤 수녀님께서 노란 천을 갖다주셨어. 두루마리를(웃음). 갖다주시고, 이렇게 갖다주셔 가지고, 그걸 잘라서 리본을, 동진이 엄마랑 웅기 언니랑 같이, 시민들이랑 같이 만들기 시작해 가지고 본격적으로 그때는 많이 [만들었어요]. 그걸[리본 만들기에] 집중하다 보니까 그 하나하나[에] 아이들 생각하면서, 앞으로 어떻게 할 것인가[를] 생각하면서 바느질하는 거죠.

면담자　　마음을 다스리는 데 도움이 되셨군요.

순범 엄마　　응, 마음을 다스리는 부분. 응, 많이 도움이 됐죠. 그래서 청운동에도 많은 학생들과 많은 분들이 단체로도 많이 오시고, 40명, 80명, 이렇게 오셨어요. 그분들 다 하나하나 나눠줬어요, 많이 만들어 놨다가. 그[러]면서 이제 그분들하고 소통이 되면서 저희들 마음도 많이 위안 삼으면서. 그렇게 지내면서 때로는 소주 한잔 먹고 청와[대] 안, 청운동이 우릴 들여보내 주지를 않잖아요? 보내주지도 안잖아. 1인 시위 정도밖엔 거기 가서, 1인 시위 분수대 앞에 가서 1인 시위[하는] 정도밖에 안 되는 거예요. 우린 들어갈 수가 없는 거예요. 참… 중국 사람들은 거기를 자유롭게 사진도 찍고 구경도 하고 이러는데, 우리는 절대적으로 거기를 들어갈 수가 없는 거예요.

근데 한번은, 어느 정도냐면 한번은, 그냥 내가 거기 있을 때 만든 리본을 주러, 아주 싫어해요! 그 사람들은 리본을, 리본을 하두 싫어하는데, 중국 분들 옆에 끼어가지고 창현이 아빠랑 나랑 둘이 들어갔어요.

면담자 청와대를?

순범 엄마 응. 그 닭 있는데 옆에까지. 앞에, 그 앞에까지 들어간 거예요. 막 따라갔어, 같이 둘이 창현이 아빠랑. 그 중국 사람들하고 들어갔어요. 그 앞에 가가지고, 그 뭐지? 국민들이 이렇게 내는 걸 뭐라 하지? 면담 신청하는 데 있잖아요? 거기까지 갔어요. 거[기]까지 가는데도 저기[막지 못] 하더라고? 중국 사람 옆에 따라가 갖고 “저희 면담 신청을 하려고 하는데요. 어디로 가면 될까요?” 그랬어요. 그 순간에 다 모이는 거예요(웃음). (면담자 : 바로?) 예, 경호원들이 다. 그래서 거기서 1시간 이상을 앉아 있었어. “절차가 필요하다”는 거야. 여기, 여기, “좀만 기다리세요. 좀만 기다리세요, 조금만”. 이걸 1시간을 넘게 거기 앉아 있었던 거야, 창현이 아빠랑 나랑. 그래도 신청을 할 수가 없었어.

결국에는 경호원, 그 과장 뭔 분이, 우리 계속 거기 있었던 [동안]

맨날 왔다 갔다 하시는 분들이 있어. 경비과장인가? 그분들이 와가지고 결국에는 그냥 내려왔어요. 어쩌고 저쩌고 시끄럽다고. 우리는 막 하잖아요, 뵈는 게 없잖아. 막 지랄하면서 "왜 우리는…" [하고 따지니까]. 그분한테, [돌아]오면서 "왜 우리는 여기를 자유롭게 다닐 수가 없냐? 어? 쟤네는 중국 사람들이다. 혹시 니들 여행비, 돈 받지 않냐? 그래서 저런 사람들은 자유롭게 [다니게] 하고, 우리는 자유롭지가 않고, 허락을 받고 가야 되고, 이렇게 해야 되냐?"고 소리를 지르면서 왔어(웃음), 따지면서.

그랬더니, 그들은 그러지, "조용히 하라"고 그러겠지. 다 사람들이… 뭐 알아듣지도 못하지. 우리가 말하는 거 중국 사람들이 어떻게 알아듣겠어, 그죠? 그럼 석준 아빠는 중국어를 써서 들고 와[서] 피케팅하고. 매일 가서 하고, 안 되니까. 거[기]는 워낙 중국 사람들이 많기 때문에 중국[어] 피케팅을 만들어서 갖고 가고, 올라가고 별 짓 다했지.

그래도 꿈쩍도 안 하는데 뭐, 미친. 어떤 때는 경호원들이 굉장히 많이 있잖아요. 경호원들이 교대하잖아. 술 한잔 먹고 와서 잠도 안 오니까, 어차피 잠 못 자니까. 거의 잠을 우리가 제대로 자본 적이 별로 없으니까, 술이나 한잔 먹어야 자고 그런 상황인데 어떻게 잠이 오겠어? 차 소리 들리고, 솔직히 [청운동에서] 잠 잘 자면 그것도 정신병자지. 그러니까 할 일이 없잖아. 그들한테 가서 애들 사진 보여주면서 그런 거 보여주면서, "이 나라는 이런 아이들을 구하지 않았다". 간담회를(웃음) 하는 거지. "왜 안 구했을까?" 이렇게 물어보면서.

면담자 그러면 경찰들과 같이 얘기도 하고 하나요? 가만히 있지 않던가요?

순범 엄마 있어요. 들어줘요. 근데 어떤 나쁜 사람도 있고, 거의 들어줘. 그[러]면 막판에는 하도 저기 하니까 교대를 하잖아, 그럼 인수인계를 해주고 가(웃음). (면담자 : 어떻게?) 이렇게 여기 앉아서 들으라고. 나중에는 그렇게 되더라고. 그럼 얘기를 계속하는 거야. 이거를 직접 보여주면서, 사진을 들고 와 보여주면서…. 그럼[그러면] "맞아요, 저희 몰랐어요" 이런 사람도 있고. 몰랐기는 뭘 몰랐겠어? 요즘 좋은 인터넷 세상에 그거 모르겠어요? 근데 어떻게 보면 그들은 교대를 계속하기 때문에 모를 수도 있어. TV를 안 보니까. 근데 요즘은 그거는 거짓말이고. "몰랐어요…" 같이, 그러면서 같이 우는 사람도 있고, 때로는 우는 사람도 있어, 같이. 들어주기도 하고.

이게 그들이 뭔 죄가 있겠어, 그치?(웃음) 우리 애들, 그 경찰 애들도 뭔 죄가 있겠어, 사실은. 윗대가리들이 문제가 있는 거지. 그래서 그렇게 76일을…. 76일 만에 철거를 했지. 하여튼 지금 생각하면 '좀 더 있었으면 어땠을까'라고 생각을 해요. 청운동, 거기가 압박이 제일 좀 셌던 곳이고, 그 자리 가기까지 얼마나 힘들게 갔어, 그지? 그래서 좀 아쉽고, 많은 일들이 많았지. 거기서 별의별 일들이 다 있었지. 1주기나, 1주기도 있었고. 말로 어떻게 다 표현을 하겠어(웃음).

면담자 그렇죠.

순범 엄마 응… 아무튼 그랬어요.

6
두 딸의 안간힘을 다하는 생활과 반려견 '덕호'

면담자 이렇게 자연스럽게 얘기를 잘해주셔서 너무 감사드리고요. 또 여쭙고 싶은 게, 상을 치르고 나서 이제 두 따님들은 어떻게 지내왔고 현재는 어떻게 지내는지가 좀 궁금합니다.

순범 엄마 그[러]니까 누나들은… 제가 얘기했죠? 저기 서로가 말은 안 하고 살았다고. 딸들도 거의 집에, 밖에를 나가지 않았어요. 나가지 않고 거의 집에만 있었고. 그러다가 이제 직장을…, 안 나간 건 아니야, 가볼려고 하기도 했었어, 사실은. '집에만 너무 있으니까 안 되겠다' 싶어서 각자 일을 시작은 했는데, 결국은 못 버티더라고요. 그래서 집에서 계속 있다가 이사를 하고 나서. 걔들도 밥을 계속 못 먹은 거지, 이사하기 전에는.

면담자 이사는 언제쯤 하신 건지?

순범 엄마 이사는 [2014년] 12월 달에 했어요. 내가 청운동에 있을 때. 그[러]니까 그전까지는 내가 밖에 있으니까 솔직히 이야기하면 애들이 뭘 하고 있는지는[있었는지도] 잘 모르겠어요. 집에 있었던 것만 알고 있고, 그냥 한 번씩 어쩌다 한번 집에를 가잖아? 그[러]면 평상시[와] 똑같이 그냥 말없이 집에 있었던 것만 봤고. 그리고 나중에는 저한테 전화가 왔어요. "엄마, 도저히 여기서 밥을 해 먹을 수도 없고 아무것도 할 수가 없다. 이사를 하자" 그래서 그때가 이제 12월, 11월 달에 날려버렸나? 그래서 "그[러]면 엄마는 시간이 없으니 니가 좀 알아봐라" 이렇게 했지.

그리고 그때 당시에 우리 딸이 그때 임대주택이라고, 그때 세월호 우리 유가족들[이] 임대주택이라고 신청을 해놓은 게 있었어요. 그래 가지고 그거를 딸이, 둘째 딸이 알아봤던 모양이더라고. 근데 좀 안 될 상황이었는데 희한하게 또 그게 됐어요. 그래 가지고 다 결정해 놓고 "사인만 와서 해주라" 그래 가지고, 하루 청운동에서 와서 사인해 주고 다시 청운동으로 갔는데. 그러고 나서 12월 달에 이사를 하기로 했어요. 긍게 저는 밖에, 그때 당시에는 거의 밖에 가 있어서, 애들이 짐도 버릴 거 버리고 짐도 싸놓은 상황이었고. 저는 그냥 이사 날 차만 불러서…. 거의 다 버리고 왔으니까, 짐 쌀 것도 없어 가지고. 다 버렸어, 다 버렸으니까. 애기가 쓰던 장롱이라든가 책상이라든가 이런 것만 버리지 않고 나머지는 밥그릇까지 다 버려버렸으니까.

면담자　　그렇게 다 버리셨어요?

순범 엄마　　네, 다 버려버렸어요.

면담자　　왜 그러셨을까요?

순범 엄마　　아니, 그냥 아무것도…, 다 짐이 귀찮았어요. 잊고, 갖고 가고 싶진 않았고. 그냥 다 버렸어요. 거의 저희 옷이고 뭣이고 다 버렸더라고. 지그들이 다 정리를 해버려 가지고, 내 옷도 지 옷도 정리를 [해서] 버려가지고. 버리고, [전부] 버린 건 아니고 애들은 또 요즘 애들은 좀 똑똑해요. 우리 작은딸이 이렇게 알뜰해요. 굉장히 알뜰해 가지고 인터넷 같은데 보면 옷 같은 거 수거해 가시는 분들이 계신가 보더라고. 집에 가니까 이렇게 다 싸놓은 거예요. 언제 수거를 하겠다고 하니까 거실이고 어디[고] 봉다리 봉다리 하고 싸놓은 거야. "왜 이렇게 해놓니? 그냥 버리지" 그랬더니, 그걸 가져가면 또 돈을 준다더라고. 밥값이라도 번다고 이사할 때 밥값이라도 번다고, 그걸 처분을 이렇게 했더라고. 그래서 냉장고고 뭐고 다, 냉장고 같은 거는 또 가져가더라고요? 그래서 처리를 딸들이 다 했고.

면담자 어머니는 처음에는, 어디 인터뷰에서 보니까 수면제도 드시고 하시다 나중에는 술도 한잔씩 하셔야지 비로소 주무실 수 있게 됐다 했는데요.

순범 엄마 예. 잠을 거의 안 자고 살았으니까.

면담자 따님들도 잘 자지를 못했다거나 어디 아프거나 그러진 않았나요?

순범 엄마 엊그저께 우리 큰딸한테 갔다 왔어요. 전화가 저녁에 왔어. 시화에 사는데, 시화에서 걔 혼자 자취를 하는데 전화가 갑자기 왔어. 그게 쌓여서 온 병인데 스트레스성 장염이 왔더라고. 병원에 있다고, 응급실에 있다고 전화가 와서 갔는데, 다행히 장염….

면담자 아이고, 다행입니다. 그래도 큰 병이 아니라서.

순범 엄마 응, 그래서 가면서도 굉장히 마음이 불안했거든. '애들까지 이렇게 맨날 아프고 또 그러면 어떡하나' 싶어 가지고 걱정이 앞서서, 가면서. 갔다 오면서, 장염이라 하더라고, 엑스레이 찍고 뭐 하고 이렇게 검사를 다 해보니까. 그래서 다행인데, 그게 습관성

장염이 돼버린 거지, 내가 볼 때는 계속, 계속적으로. 이게 많이 약해진 거지. 애들이 먹지도 못하고, 그런 상황이 되고 있었고 그러니까. 지금에 와서 그런 게[안 좋은 증상들이] 좀 심해지는 거지, 그때는 몰랐는데, 그런 부분들. 근데 그래도 지금 잘 버티고 있는 게 뭐냐면 우리 작은딸은 이모네 가게[인] 미용실 가서 있고. 큰딸은 지 나름대로 강아지를 키워요. 그게 많이 도움이 되던데? 예, 처음에는 굉장히 까칠하고 괜히 신경질 내고 뭔 말을 붙이지를 못하고…. 애기 얘기는 전혀 하지도 못하고, 지 혼자 방에, 애기 얘기 하다가 방에 들어가서 울고 짜고 이렇게 했는데.

면담자　　아, 어머니가 얘기를 먼저 이렇게 좀 같이 해보시려고 하시다가.

순범 엄마　　응. 좀 할려고 하면……. [작은딸이] 어느 순간에 "엄마… 이모가 오라고 한다. 거[기] 가서 일을 함 해보겠다"라고 [하면서] 갔는데, 거기서는 전혀 이 얘기를 꺼내지 [않고], 이모도 안 꺼내는 거예요. 애들이, 애가 어떻게 될까 봐 그냥 묵묵히 조용히 그냥 있는 거예요. 집에 오면 하늘공원 가고 애기 보고 이렇게 하고. 근데 많이 성격이 좀 이렇게 진정이 잘 돼서 맡은 일은 잘하고 있고. 큰애가 요즘에 졸업식 시즌이 돌아오니까 스트레스 때문에 [장염이] 온 것 같애요. 그걸 계속 반복적으로 나한테 얘기를 했었거든. "엄마, 졸업식도 있고 뭐도 있고 이러는데" 그 얘기를 계속했었거든. 생일이 겹치고 이런 상황에서 그것 때문에 계속 저기 했던[신경이 쓰였던] 모양이야. 좀 스트레스도 없잖아 있었나 보더라고요. 근데 오늘도 문자 왔더라고요. "[순범이] 졸업식은 어떡해?", "안 한다. 안 하니 [신경 쓰지 마라]".

면담자 방학식을 하셨다고요?

순범 엄마 응. 방학식은 했는데 "졸업식은 안 한다. 어제 방학식을 했다. 그래 가지고 이제 없었던 걸로. 너희들은 그냥 그 자리에 있어라" 하고. "엄마가 무슨 일이 있으면 연락하겠다" 그 정도. 잘하고 있더라고. 〈비공개〉

"엄마, 우리가 그렇게 서운하지? 말을 안 하지만, 우리도 동생 생각하고 있는 거 알면서 그러냐"고 그렇게 대화도 나누고 그런 상황이지. 근데 강아지를 또 '덕호'라고 이름을 지었어요. (면담자 : 덕호요?) 예. 그게 이제 순범이의 범, 뭐[범 자를] 따가지고… 순범이 대신 데리고 온 거지. 그래서 순범이의 뭐를 해가지고[이름을 따가지고] 어떻게 저떻게 해가지고 덕호라고 이름을 지었다 그러더라고. 그거를 생각하면서 버티는 것 같애. 잘 버티고 있어요. 그래도 엄마보단 낫지(웃음).

7
4·16 참사 이후 세상에 대한 관점의 변화와 진상 규명에 대한 입장

면담자 4·16 참사 이후에, 4·16 참사를 겪으시면서 어머니께서 세상을 바라보는 관점이 바뀌었다고 생각하세요?

순범 엄마 (한숨) 세상이 바뀐 거… 정말 몰랐던 걸 알은 거지.

저희는 그렇잖아요. 우리 아이가 셋이지만, 얘네[들], 아이들을 키우기 위해서는 진짜 한눈팔 시간도 없었잖아요? 먹고사는 데, 앞으로 살아갈 일, 아이들 공부 가르쳐야 되고 뭐 이런 것들. '잘 살아야 된다. 열심히 살면 굶지 않고 밥 굶지 않고 아이들 잘 키운다'는 생각 하나 가지고 살았던 것 같애. 일만 했던 거지, 나는. 일만 계속 반복적으로, 일만 하고 살았던 사람이고. 이 나라를 생각하고 뭐 할 그럴 겨를은 없[었]지만, 그래도 이 나라가 그래도 잘 사는 나라, 다른 나라보다 얼떳하게[떳떳하게] 정말 잘 살아가고 있는 걸로만 알았지. 그리고 나만 잘 살면 당연히 이 나라는 잘 사는 거잖아? 그래서 그런 생각을 전혀 하지 않고 살았고.

솔직히 국회의원이 누군지도 모르고, 뭐가 누군지 그냥 모르고. 사실은 투표할 때도 마찬가지로 그냥 봐서 이렇게 인적 사항들을 보잖아. 그것도 잘 보지 않았었던 것 같애. 이 사람이 뭐를 했던 사람이고, 뭐를 했던 [사람인지] 이런 거는 잘 안 봤던 것 같고. 그냥 이렇게 "이 사람 어떤 사람이야? 이 사람은 어떤 사람이야?" 이렇게 그냥 듣고 찍었던 거고, 전혀 모르는 그런 상황이었는데. 우리 아이들을, 그냥 '나만 열심히만 살면 된다'라는 생각. 그래서 '우리 아이들만 잘 키우면 된다'는 생각만 가지고 살았던 사람이, 우리 아이들이 수학여행 가고 나서 아직도 돌아오지 않지만, 이런 일이 있고 나서 이제 너무 많은 거를 알았고.

우리 국민들을 정말 국민으로 생각하지 않고, 누구 하나 죽는다 해도 눈 하나 깜짝하지 않고. 그저 돈에 눈이 먼 사람들이잖아, 그쵸? 그런 사람들을 우리가 볼 때 진정한 사람으로 보겠냐 이거지. 이

나라는 그 사람들만 봐도, 어차피 우리나라는 잘사는 사람들은 살아갈 거고, 정말 못사는 사람들은 항상 허덕거리면서 살아갈 거고. 이런 것들을 인제 정확하게 본 거지, 너무 정확하게. 그리고(한숨) 참, 너무 많으니까 더 얘기할 수도, 생각도 안 나고 잘…….

그치만 그런 거를 봤다는 거지, 너무 많은 것을. 우리는 그래서 우리의 권력을 아니, 권리를 찾아야 되고. 우리 아이들의, 국민들이 있어야 사실 국회의원도 있는 것이고 대통령도 있는 것이고, 국민들이 없는데 즈그들끼리 대통령 하고 뭐 하고 다 할 거냐고? 그[렇]잖아. 국민이 소중한 거를 너무 몰라, 알려고 하지 않는다는 거지, 국민들의 소중함을. 국민들이 있어야 지네들도 세금도 나와서 지네들도 생활할 것이고. 근데 그런 거를 전혀 모르고 있다는 거지. 그리고 힘든 사람들은 여전히 계속 힘들 것이고 잘사는 사람은, 빽[뒷배] 있는 사람들은 저런 국회의원이라든가 힘 있는 사람들은 계속 더 잘살 것이고. 이런 것들을 너무 많이 보고 있다는 거지. 그래서 우리도 우리의 권리를, 그리고 우리 아이들의 정확한, 왜 구하지 않았고, 왜 그대로 수장을 시켰는지는 분명히 알아야 될 것 같고.

어떤 아이가, 엊그저께 간담회에 이렇게 아이들이 보러 왔는데, 시화 정왕고등학교 학생이 왔던 모양이에요. 어디 학교냐고 물어보지 않았는데, 그래서 정왕고등학교가 그날 세월호 배를 그 시간에 타기로 했다고 합니다. 근데 우리 애들하고 같은 학년이죠? 그날 그 배를 타기로 했는데 바뀌었대요, 그 시간대. 그 애들이 두 명인데 고개를 못 들고 있는 거예요, 제가 얘기를 하는데. 저는 다른 얘기를 해갖고, 아이들의 얘기, 우리 누나들하고 순범이하고 살았던 얘기,

그리고 "너희들 어떻게 했으면 좋겠다"는 얘기, 이런 얘기를 하는데 애들이 고개를 못 드는 거예요. 나중에 알았는데 지네들이 탈 배를 우리 아이들이 탔다는 거지. 그래서 미안해서 고개를 못 들었다고. 그[러]면, 그니까 왜 '쟤들, 그 시간대에 가야 될 애들은 빼고, 왜 하필은[하필이면] 우리 아이들이냐?' 너무 궁금해지는…….

하나에서 열까지 궁금한 게 너무 많죠, 그죠? 그래서 그런 것들을 분명히 밝혀야 우리 아이들도 억울함이 사라질 거고. 나는 그 순간이 지금도 막 아찔한데, 그 아이들이 그 안에서……. 그 순간을 상상을 하면 진짜 눈에 뵈는 게 없어. 정말 지금도 그게 가끔 눈에 선해, 문득 생각나면. 그[러]면서 내가 다시 일어나고 또다시 일어나고… 그렇게 지금 하고 있거든.

8
진상 규명 이후의 삶에 대한 전망

면담자 선체를 인양해서 진상 규명이 되고 시시비비가 잘 가려지는, 향후에 언젠가 그런 날이 온다면, 그 이후에는 무엇을 하면서 살고 싶다는 생각을 요즘 혹시 하신 적이 있나요?

순범 엄마 거의 안 했던 것 같애(잠시 침묵) 그 이후로는 생각을 해보진 않았지만 시간이 얼마나 걸릴지 몰라서 생각도 안 했지만. 우리 가족들은 그렇게 되면 이제 그 이후는 어떻게 생각하면 좀 아찔하기도 한데…. 우리 아이들의 억울함을 완전히 풀어주고, 우리 아이들이 한곳에 모여지고, 또 우리 아이들이 지금 배 안에 있는 아이들이 다 나오고. 그리고 진상 규명이 될 거 아니에요? 그러면 아이들한테 할 말은 있겠죠. "얘들아, 우리 이렇게 이렇게 해서 풀었다, 잘. 너희들 진실을 밝혀냈다". 감동의 눈물도 흘리기도 하겠죠. 근데 그 이후는 또 무섭기도 해요, 그 이후.

면담자 어떤 게 무서우신 건가요?

순범 엄마 언제가 될지는 모르겠지만 그때는 할 일이 없어지잖아. 그러면 엄마들은 집안에 들어가서 제대로 생활하는 사람이 있을 것이고, 더 우울증에 빠지는 사람도 있을 것이고….

면담자 어머니는 어떠실 것 같으세요?

순범 엄마 우울증에 빠지지는 않을 것 같고, 저는 그냥 생각이 시골에 가서 그냥… 살지는 않지만, 우리 아들 보러 와야 되겠지만, '시골에 가서 농사나 지을까' 이런 생각도 해봤어요. 이것도 한편으로는 '아, 끝났구나'. 아들한테 가고 싶기도 하겠지, 때로는. 그런 때가 많이 있으니까 '좀 기다려라. 엄마도 금방 갈 거야'라고 한편으론, 때로는 그렇게 말할 때도 있고. 오늘은 학교 갔다가(웃음) 청소를 하고 '꼭 밝히고 갈게' 그랬어. '꼭 밝히고, 건강 잘 챙기면서 꼭 밝히고, 우리 아들한테 갈게' 그러고 왔네. 그 말이 정답인 것 같애. '꼭 밝히고, 몇 년이 걸릴지, 10년이 걸릴지, 20년이 될지는 모르겠지만 꼭 밝히고 갈게'.

면담자 그날이 와야 되겠죠?

순범 엄마　　응. 꼭 그래야 되고, 우리는 그때까지 할 [거야], 싸워야 되고.

9

언론에 대한 생각과 청문회 평가

면담자　　어머니께서 아까 얘기해 주실 때 광화문에 갔더니 시민들이랑 국민들이 참 많이 지지를 해주고 좋았는데 국회랑 청운동은 그렇지 않았다라고 얘기해 주셨는데요.

순범 엄마　　응, 청운동도 시민들이 많았지.

면담자　　그렇죠. 예.

순범 엄마　　국회하고는 전혀 다르지.

면담자　　근데 언론 보도를 통해서 보셨겠지만, 또 세월호와 관련돼서 약간 타박하는 그런 여론들도 사실 있긴 있었어요.

순범 엄마　　당연히 많았죠.

면담자　　그런 것들은 그 당시 어떤 인상으로 받아들이셨어요?

순범 엄마　　어차피 저는 언론을 믿지 않기 때문에(웃음). 팽목에 있을 때부터 언론 자체를 믿지 않기 때문에 별로…. 저들은 그런 진짜 정말 굉장히 급한 상황에도 그렇게 방송을 했기 때문에 별로 믿지는 않고. 어차피 저들은 진실을 감추려고 하기 때문에, 방송은 별로 관심[이] 없어. 신경 안 쓰는 거지. 왜냐면 어차피 저들이 얘기하지 않으면 우리가 직접적으로 나서서 다니면서 하고 있잖아, 그쵸? 간담회도 다니고 하기 때문에 언론은 별로. 어떤 방송이 나와도 '저거 분명히 아닌데, 쟤네들 왜 저렇게 나와?' 이 정도지. 그리고 우리는 우리 나름대로 '방송[은] 거짓 방송이란 거'를 우리 입으로, 입으로 전달하고 다니잖아. 그래서 방송은 신경을 안 써. 그런 편이야. 별로 관심이, 별로 안 보는 편이지.

면담자　　굉장히 힘겨운 투쟁 끝에 청문회를 최근에 했었습니다. 청문회에 3일 동안 계속 참석하셨는데 거기 가시면서 일말의 기대나 이런 것들이 있으셨죠?

순범 엄마　　사실은 기대는 하지 않았어요. 어차피… 어차피 쟤네들은 어차피 아니라고 하겠지. 그렇죠? '기대하지는 않았지만, 하기는 잘 왔다[했다]'라고 생각을 했[어요]. 왜냐하면 어차피 국민들은 보고 있잖아요, 그죠? 근데 이미 이게 이건데 이게 아니라고 계속, 그들은 아니라고 하잖아요. "모른다", "기억이 안 난다" 뭐 이렇게 답을 할 수밖에 없는 사람들. 근데 이미 다 보고 있잖아요, 국민들은 이미 알 사람 다 알잖아요? 그죠? (면담자 : 관련자들이 발뺌하는 걸 보여주는 거 자체가) 보여주는 자체가 우리는 잘한 거라는 거지, 대놓고. 거기다가 또 솔직히, 그 전에 민간 잠수부들의 상황을 몰랐어요, 저희가. 근데 거기에 대한 거를 또 정확히 알아버렸어요. 우리는 저희는 그때 당시에는 그 어디지요? 언딘 소속들인 줄 알았고. 언딘 민간 잠수부들인 줄 알았던 거잖아요? 그리고 그들은 돈을 하루 일당을 받고 하는 사람들이라고 이렇게 [그때] 언론에 나왔잖아요.

근데 이번 기회에, 이번에 그들이[민간 잠수사들이 청문회에] 나오면서 자원봉사자였고, 그 아이들을 다 데리고 [나]온 사람들이 그들이었고, 그들이 아직 못 찾아온 아이들 때문에 죄책감에 시달리고 있고, 이런 것들을 또 알게 됐잖아요. 그와 동시에 또 잠수부 다큐멘터리가 나왔잖아요. 그게 많은, 더 많은 국민들이 더 많은 걸 알게 돼버렸잖아. 그 이후로 음, 더 많은 사람들이 이 기억저장소를 통해서, 많은 사람들이 찾아오고, 더 많이 찾아온다고 분향소에서 또 얘기를 하시더라고요. 그럼 저희한테는 더 좋은 거 아닌가요? 어차피 기대 안 했던 건데, 어차피 기대하지 않고 청문회를 시작했던 거예요.

면담자 그 기대에 비하면 성과가 있었다고 생각하시는군요.

순범 엄마 [기대하지 않고 시작한 것에] 비하면 성과가 있었다는 거지, 더 많은 사람[이 알게 되었으니까]. 실은 대답하는 게, 정말 제대로 대답하는 게 하나도 없잖아. "모른다", "기억 안 난다", "그럴 리가 없다" 이렇게만 대답을 하잖아. 자기네들이 정확하면 "언제 어떻게 이런 일이 있었다"라고 얘기를 할 수 있는데, 그런 대답은 전혀 없고 "모르겠다", "모릅니다", "기억 안 납니다" 이거 외에는 답이 없잖아. 그냥 저는 그렇게 생각해요. 다른 부모들도 마찬가지일 거예요. [청문회 하기를] 잘했던 거 같애.

그리고 그걸 보면서 엄마들의 힘이 더 강해졌다는 거, 좀 더 이만큼이라도 더. 우리부터도 시작해서 '저건 분명히 아닌데' 너무 웃기잖아. 우리 웃기도 했잖아요, 너무 기가 막혀서. 너무 어이가 없어서. 정말 화가 나는데 꾹꾹 누르면서 참았잖아(침묵). 그래서 엄마, 아빠들도 많이 힘이, 이렇게…. 그때그때 달라요, 엄마, 아빠들이. 동거차도를 갔다 와서 힘이 빠지는 엄마, 아빠들도 있고, 청문회를 빠지기도 하고. 그랬다가 또 엄마, 아빠는 강하잖아, 엄마는 특히 더 강하잖아. 그니까 또 벌떡벌떡 일어나고 또다시 시작하고, 그러면서 버티는 거지. 이제 '건강 잘 챙기면서 버티자. 질기게, 질기게 하다 보면 언젠가는 될 거[다]'라고 생각해요(웃음).

면담자 예. 그러면 긴 시간 말씀하셨는데 오늘 이것으로 3차 구술을 마치도록 하겠습니다.

순범 엄마 아이고, 두서없는 말을…….

면담자 오늘도 말씀해 주신 게 너무 많이 도움이 됐습니다. 감사합니다.

4·16구술증언록 단원고 2학년 6반 제3권

그날을 말하다 순범 엄마 최지영

기획 편집 4·16기억저장소 | **지원 협조** (사)4·16세월호참사가족협의회

펴낸이 김종수 | **펴낸곳** 한울엠플러스(주)

초판 1쇄 인쇄 2020년 4월 1일 | **초판 1쇄 발행** 2020년 4월 16일

주소 10881 경기도 파주시 광인사길 153 한울시소빌딩 3층

전화 031-955-0655 | **팩스** 031-955-0656 | **홈페이지** www.hanulmplus.kr

등록번호 제406-2015-000143호

Printed in Korea.

ISBN 978-89-460-6757-8 04300

978-89-460-6801-8 (세트)

* 책값은 겉표지에 표시되어 있습니다.